THE 1500 CORE VOCABULARY
FOR THE TOEIC® TEST
—Revised Edition—

学校語彙で学ぶ TOEIC®テスト【単語集】
—改訂新版—

NISHIYA Koji

音声ファイルのダウンロード/ストリーミング

CD マーク表示がある箇所は、音声を弊社 HP より無料でダウンロード/ストリーミングすることができます。トップページのバナーをクリックし、書籍検索してください。書籍詳細ページに音声ダウンロードアイコンがございますのでそちらから自習用音声としてご活用ください。

https://www.seibido.co.jp

はしがき

　本書は、2008 年に刊行して以来大好評をいただいている『The 1500 Core Vocabulary for the TOEIC® Test 学校語彙で学ぶ TOEIC® テスト【単語集】』の改訂新版です。

　この十数年のあいだに、TOEIC テストは 2016 年に 10 年ぶりのリニューアルを行い、出題形式の一部を変更するとともに、テストの名称を TOEIC® Listening & Reading Test と変更しています。TOEIC テストは着実に受験生を伸ばし続け、2018 年には累計受験者数 4,000 万名を突破しています。中学・高校の教科書については、いわゆる「脱ゆとり教育」の改訂指導要領の教科書が、中学校では 2012 年から、高等学校では 2013 年から使用が開始されています。この新課程の英語教科書は、大ざっぱに言って中学・高校ともに旧課程の教科書に比べて単語数は約 30% 増えています。

　こうした中、前書制作時に行った調査で判明した「TOEIC テストの単語と中学・高校の教科書単語の高い共通性」がその後どのようになっているのかについて再調査を行いました。皆さんが学習した中学・高校の教科書に出てくる単語（約 8,000 語）*1 と、TOEIC テストの単語（約 4,400 語）*2 の関係を調べたところ、TOEIC テストの単語の約 97% が中学・高校の教科書に出てくる単語*3 であることがわかったのです。実際のテスト問題を聞く・読む場面に当てはめれば、100 語中 97 語は中学・高校の教科書単語だということです。この調査結果は前書で行った調査結果（約 94% 共通）よりも高い共通性を示しました。本書はこのような調査を基に、この 97% に相当する共通単語を基に 1200 語をセレクトし、これに TOEIC テストだけに出る「TOEIC 独自語」（300 語）を加え 1500 語に絞り込みました。さらに TOEIC テストで使用される意味・用法を分析して「学校単語をベースにした TOEIC テストで十二分に戦える単語集」のバージョン 2 が完成したのです。

　本書のもう一つの特長は、単語の選定にあたり「頻度よりも出題回数を重視」したことです。例えば 10 セットの TOEIC テストを分析した時に、ある 1 セットに 10 回出てくる頻度 10 の単語よりも、10 セットすべてに 1 回ずつ出てくる頻度 10 の単語のほうがはるかに重要なはずです。このような考え方を基に「教科書に出ている TOEIC 単語」と「TOEIC 独自語」の並び順を決定しているので、本当の意味で「よく出る順」の単語と言えます。

　単語を覚えたからといってすぐにスコアが上がるわけではありません。実際の

TOEIC テストで要求される「速さ」や「分量」に対処できるようになるためには、本書の例文の音声を何度も聞き、シャドウイングをし、音読することが必要です。

　最後に、英文の作成において度重なる注文に丁寧に対応していただいたトム・ディロン氏、企画段階でのアドバイス、編集作業でご尽力いただいた工藤隆志氏と佐藤公雄氏に心からお礼申し上げます。

2019 年　秋

著者しるす

*¹ 中学校英語検定教科書（6 種類、1〜3 年）、高校英語検定教科書（Communication 1-3：採択率上位 8-9 冊（採択率合計 60%）、Expression 1, 2：採択率上位 3-4 冊（採択率合計 60%））を分析した単語数（約 8,000 語）（固有名詞除く）（A）

*² TOEIC：最新 6 冊、12 回分（TOEIC テスト 新公式問題集：Vol. 5, Vol 6；TOEIC テスト 公式問題集：新形式問題対応編；公式 TOEIC L & R 問題集〈1、2、3〉延べ約 9.5 万語（C）を分析した単語数（約 4,400 語）（固有名詞除く）（B）

*³ 「TOEIC テストにおける延べ頻度」（約 9.5 万）（C）に対する「上記（A）と（B）の共通単語の TOEIC テストにおける延べ頻度」（約 9.2 万）（D）の割合（%）

目 次

はしがき iii

目次 v

本書の特長と学習法 vi

凡例 viii

English Central のご案内 ix

超頻出 必ず押さえたい **超頻出単語 438**

    Level 1 2

    Level 2 44

    Level 3 68

頻 出 しっかり押さえたい **頻出単語 424**

    Level 1 82

    Level 2 108

    Level 3 130

重 要 ここで差がつく **重要単語 338**

    Level 1 156

    Level 2 168

    Level 3 188

独自語 高得点も狙える TOEIC® 独自語 300 214

単語索引 264

本書の特長と学習法

<特　長>

1. TOEIC テストに頻出する中学・高校で学習してきた単語（＝既習単語）を集めました。
2. さらに TOEIC テストに頻出する中学・高校で習わない単語（＝TOEIC 独自語）も採用しているので TOEIC テストに極めて有効な単語力が身に付きます。
3. 単語の意味は、TOEIC テスト問題を調査して TOEIC テストで必要なものと重要な基礎的な意味に絞り込みました。
4. 例文は、TOEIC テスト問題の用例のほかに共起関係も調査して、見出し語とともに頻繁に使用される語句の組み合わせ（＝コロケーション）を踏まえて作成しました。
5. 例文は、構成する単語を原則として中学・高校の教科書単語と今回取り扱う TOEIC テスト独自単語とし、理解しやすい、読みやすい、覚えやすい短い英文にしています。

<学習法>

●音読をしよう

　本書で使用した「見出しと例文」の音声ファイルは、ウェブサイトから無料ダウンロードできます。[*1] ぜひダウンロードしていただき音読を重ねることで大きな効果を得ることができます。

　「音読」のしかたにはいくつかありますが、次の方法を推奨します。

1. 見出し語を見る
2. 例文を読む
3. 例文の意味を理解する
　　＊どうしてもわからない単語があったら必ず辞書などで意味を調べる。
4. 例文の音声を聞く
5. 音声にかぶせて（＝ほぼ同時に後について）例文を音読する
6. 音声に頼らず自分で繰り返し音読する
7. 音読しながら例文を書く

　なお、音読のスピードについては、1〜5 までは音声のモデルに忠実に繰り返し発話することが大切ですが、6 ではできるだけ速く発話しましょう。7 の「書き出し」作業もきれいに書くことは必要なく、できるだけ速く書きましょう。

　音読の回数は多ければ多いほど効果的です。音読すればするほど単語の定着率が高まります。また、一度音読したら終わりでなく、一定の時間や日にちをおいて繰り返しするといっそう効果が上がります。

●ミニテスト

　本書には 71 回のミニテストが付いています。クラスで使用している場合は定期的に学習した箇所をチェックできるようになっています。

[*1] 成美堂　https://www.seibido.co.jp

凡 例

0591 **proceed** ☐ 名 [próusi:d] 動 [prəsí:d]	名 収益、売り上げ 動 を続ける（with）；取りかかる（to）；進む ☆アクセント注意 ★procedure名 方法、手順	The entire proceeds from this year's bazaar will go to charity.	今年のバザーの全収益は慈善事業に寄付される。

単語 ID とチェックボックス：

・4桁の数字は単語の通し番号で 0001-1500 となっています。
・チェックボックスは単語の意味や用例を覚えたらチェックを入れます。

見出しと発音記号：

・《米》と《英》でつづり・発音が異なる場合、《米》つづりと発音を採用。
・同じ単語で複数の品詞があり、発音・アクセントが異なる場合は各々表示。

意味：

・不規則変化については、意味の初めに表示。
　（例）**hold** 動 （held ; held）を持っている；を保つ；を所有する；(be held) 催す
・特に重要な意味、また、TOEIC テストで頻出する意味については赤字で印刷した。
・他動詞は、「を…、に…」のように表記。
・自動詞・他動詞両方の用法がある場合は、「(を) …、(に) …」あるいはセミコロン（；）で区切って表示。
・《英》はイギリス英語を示す。
・（ ）は省略可能、あるいは補足説明を表す。
・[ ] は直前の語との入れ替えを示す。
・複数の意味の区切りにあるセミコロン（；）は、意味カテゴリーが大きく異なる場合、また、自動詞・他動詞の区切り記号を表す。
・意味のあとにある（ ）は、見出し語のその意味における接続型を示す。
　（例）**decide** 動 を決心する（to *do* ; that ...）；決める（on ; about）
　　→　decide to *do* / decide that ... / decide on ［about］ を示す。

補足説明：

・見出し語に関する補足説明は ☆ 以下で、派生語・見出し語を含む熟語・頻出語句は
★ 以下で示した。

(例) **care**

☆名詞用法が多い。

★take care of「の世話をする」

carefully 副 注意深く

例文：

・見出し語（あるいは見出し語を含む特に重要な熟語）は赤字で示した。見出し語との組
み合わせで TOEIC テストで頻出する語(句)、または、一般的に使用頻度の高い語(句)
は、斜体(イタリック)で表示した。

(例) I hate to *ask* you *for a* favor yet again.

日本語訳：

・見出し単語に相当する日本語を赤字で示した。なお、見出し語の日本語訳を目立たせ
るために、一部であえて直訳に近い日本語訳で示した。

EnglishCentralのご案内

本単語集で学習する例文音声は、オンライン学習システム「EnglishCentral」で学習することができます。EnglishCentralでは動画の視聴や単語のディクテーションのほか、動画のセリフを音読し録音すると、コンピュータが発音を判定します。PCだけでなく、スマートフォンのアプリからも学習できます。リスニング、スピーキング、語彙力向上のため、ぜひ活用してください。

EnglishCentralの利用にはアカウントとアクセスコードの登録が必要です。登録方法については下記ページにアクセスしてください。

（画像はすべてサンプルで、実際の教材とは異なります）

https://www.seibido.co.jp/np/englishcentral/blended.html

見る

本文内でわからなかった単語は1クリックでその場で意味を確認

スロー再生

日英字幕（ON/OFF可）

学ぶ

音声を聴いて空欄の単語をタイピング。ゲーム感覚で楽しく単語を覚える

話す

動画のセリフを音読し録音、コンピュータが発音を判定。

日本人向けに専門開発された音声認識によってスピーキング力を％で判定

ネイティブと自分が録音した発音を聞き比べ練習に生かすことができます

苦手な発音記号を的確に判断し、単語を緑、黄、赤の3色で表示

超頻出

必ず押さえたい 超頻出単語 438

[0001-0234]　Level 1
[0235-0370]　Level 2
[0371-0438]　Level 3

● Level 1

CD
①02

0001 **job**
□ [dʒáb]

名 仕事；職

0002 **subject**
□ [sʌ́bdʒikt]

名 主題、話題；科目
形 〜の影響を受けやすい(to)、〜を必要として(to)；支配下にある
☆名詞用法が非常に多い。

0003 **line**
□ [láin]

名 線；商品、(商品の)種類；生産ライン；(人・ものの)列；(電話)回線；(交通機関の)路線
動 (be 〜d) を並べる；整列する(up)；
☆名詞用法が非常に多いが、多様な意味で出題。

0004 **service**
□ [sə́ːrvis]

名 業務；(バス・電車などの)便；公共事業；点検、修理
★serve 動 (食事・飲み物など)を出す

0005 **department**
□ [dipáːrtmənt]

名 (企業の)部、課；(大学の)学科；(D〜)《米》省

0006 **purpose**
□ [pə́ːrpəs]

名 目的、意図

0007 **board**
□ [bɔ́ːrd]

名 取締役(会)、役員(会)
★board of directors 「取締役[役員]会」

0008 **flight**
□ [fláit]

名 航空便、フライト；飛行機旅行[移動]

0009 **result**
□ [rizʌ́lt]

名 結果
動 〜という結果になる(in)；(〜から)起こる(from)
☆名詞用法が非常に多い。

0010 **site**
□ [sáit]

名 現場、会場；敷地、場所；ウェブサイト

超頻出

頻出

重要

TOEIC®
頻出語

Level 1

Level 2

Level 3

My first job ever was as a waiter in a steak restaurant.	私の一番最初の仕事はステーキレストランのウェイターだった。
His economic theories have been the subject of much debate.	彼の経済理論は多くの論争の主題となってきた。
Our *new* line of spring fashions will be released in February.	当社の春のファッションの新商品は2月に発表される。
Many hotels have 24-hour laundry service for guests.	多くのホテルは、宿泊客のために24時間営業のランドリーサービスを行っている。
Transportation costs must be filed with the Finance Department.	交通費は経理部に届け出る必要がある。
The purpose of the filter is to protect the fan from dust.	そのフィルターの目的は、ファンをほこりから守ることにあります。
The board *of directors* has decided to raise prices.	取締役員会は価格を上げることを決定した。
I read a book for almost the entire flight.	私は飛行機での移動中ほとんどずっと読書をした。
We are still waiting for the election results.	われわれは今もなお選挙の結果を待っている。
The mayor toured the *construction* site of the new harbor.	市長は新しい港湾の建設現場を視察した。

3

0011 **view**
[vjú]

名 意見；考え方；視界；光景
動 を見る、を眺める
☆名詞・動詞共に多い。

0012 **plant**
[plǽnt]

名 工場、プラント；植物
動 を植える
☆名詞用法が非常に多い。

0013 **guide**
[gáid]

名 案内人、ガイド；案内書；指導者
動 を案内する；を指導する
★guided 形 案内人付きの

0014 **care**
[kéər]

名 世話；手入れ；注意；心配
動 を気にする；(care for)の世話をする
☆名詞用法が非常に多い。
★take care of「の世話をする」
carefully 副 注意深く

0015 **traffic**
[trǽfik]

名 交通(量)；《コ》トラフィック(データ通信量)

0016 **order**
[ɔ́:rdər]

名 注文；順番；命令；(正常な)状態
動 を注文する；A を B に注文する(～A from B；～B for A)
★in order「正常に機能して」
in order to do「～するために」

0017 **product**
[prádʌkt]

名 製品、商品、作物；成果
★productive 形 生産力のある
productivity 名 生産性

0018 **project**
[prádʒekt]

名 事業計画、プロジェクト

0019 **award**
[əwɔ́:rd]

名 賞、賞品、賞金(for)
動 (賞、賞金など)を授与する
☆名詞用法が非常に多い。

0020 **research**
[rí:sə:rtʃ]

名 調査、研究
動 を調査する、を研究する
☆名詞用法が非常に多い。

They say the view *from* the rooftop is outstanding.

屋上からの眺めはすばらしいと言われている。

We don't have enough orders to keep the plant open a full year.

工場を1年中稼働させるほど十分な発注はない。

Our *tour* guide was fluent in three languages.

私たちのツアーガイドは3カ国語を流ちょうに話す。

We are *taking* care *of* our neighbor's dog while he travels.

隣人が旅行しているあいだ、私たちが彼の犬の世話をする。

Traffic was unusually light for a Friday night.

金曜の夜にしてはめずらしく交通量が少なかった。

You will see a confirmation page once your order is submitted.

ご注文が送られるとすぐに、確認ページをご覧いただけます。

Barbecue sauce is one of our bestselling products.

バーベキューソースは当社で最も売れている商品の一つだ。

At present the city lacks funds for its downtown renewal project.

目下、市は商業地区の再開発計画のための資金が不足している。

The award *for* best costume goes to Cathy Woods!

ベスト衣装賞はCathy Woodsに贈られます！

We received a research grant from the government.

われわれは政府から研究助成金を受け取った。

0021 **performance**
[pərfɔ́ːrməns]
图 演奏；遂行、（仕事・テストなどの）出来ばえ、成績
★perform 動 を演奏する

CD
①03
0022 **case**
[kéis]
图 場合、事例；容器、ケース；訴訟

0023 **community**
[kəmjúːnəti]
图 地域社会、コミュニティー；グループ、団体、…界；(the 〜)一般社会

0024 **notice**
[nóutəs]
图 掲示、案内；通知（書）、通告；告知記事；注目
動 に気づく
☆名詞用法が非常に多い。
★notify 動 (を)知らせる

0025 **skill**
[skíl]
图 技能、技術；能力

0026 **choice**
[tʃɔ́is]
图 選択、選ばれた物[人]、選択権
★choose 動 (を)選ぶ

0027 **mistake**
[mistéik]
图 過ち、誤り；誤解
動 (mistook; mistaken) を誤解する
☆名詞用法が非常に多い。

0028 **attention**
[əténʃən]
图 注目、注意；配慮、世話
★attentive 形 注意深い

0029 **effort**
[éfərt]
图 取り組み、活動；努力、骨折り

0030 **favor**
[féivər]
图 親切な行為；賛成
★ask ...(for) a favor 「(人)に頼みごとをする」
favorite 形 大好きな
favorable 形 好意的な；好ましい

0031 **figure**
[fígjər]
图 (〜s) 数値、価格；数字；(人の)姿；図、図形
動 (姿を)現す、目立つ；〜だと思う

Unfortunately, her performance was interrupted by a fire alarm.	残念なことに、彼女の演奏は火災警報によって中断させられた。
There hasn't been a case of smallpox since 1977.	1977 年以降、天然痘の症例は発生していない。
I feel fortunate to live in such a quiet community.	こんな閑静な地域に住めて幸運だと感じている。
The train line will be stopped until *further* notice.	この鉄道路線は、さらなる通知があるまで運行を見合わせます。
These days keyboarding skills are necessary in many professions.	近頃はキーボード操作の技能は、多くの職業で必須である。
For dessert, you *have* a choice of ice cream or cake.	デザートに、アイスクリームかケーキを選べます。
Not studying hard in school was the biggest mistake of my life.	学校で熱心に勉強しなかったことが私の人生最大の過ちであった。
I have heard that young people today have short attention spans.	最近の若者は注意が続かないと聞いている。
Thanks to years of effort, Howard was able to master the violin.	長年の努力のおかげで、Howard はバイオリンをマスターした。
I hate to *ask* you *for a* favor yet again.	再びあなたに頼みごとをするのを申し訳なく思います。
We don't have *sales* figures available for this month.	われわれは今月の売上高の数字を入手していない。

7

0032	**regard** [rigάːrd]	名 観点；注意、関心；敬意 ★in[with]regard to「～について」
0033	**architect** [άːrkətèkt]	名 建築家、建築士 ★architecture 名 建築；建築様式
0034	**branch** [brǽntʃ]	名 支店、支社；(木の)枝
0035	**fair** [féər]	名 見本市、展示会；(就職などの)説明会；品評会
0036	**cost** [kɔ́ːst]	名 費用、経費、コスト；犠牲 動 (cost, costed; cost, costed)(時間・費用)がかかる ★costly 形 高価な
0037	**customer** [kʌ́stəmər]	名 顧客、取引先
0038	**discount** [dískaunt]	名 割引、値引き
0039	**employee** [implɔ́ii]	名 従業員、使用人 ★employer 名 雇用主 employment 名 雇用
0040	**form** [fɔ́ːrm]	名 外観、形；(申込)用紙；形態 ☆「(申込)用紙」での用例が非常に多い。
0041	**item** [áitəm]	名 品物；(商品などの)品目；(法律の)条項；記事
0042	**location** [loukéiʃən]	名 場所、位置 ★locate 動 (be ～d)位置する
0043	**reservation** [rèzərvéiʃən]	名 (ホテル・乗り物などの)予約、指定 ★reserve 動 を予約する
0044	**article** [άːrtikl]	名 記事；品物；項目、条項

The coach had no comments in regard to the team's recent loss.	コーチは先日の敗戦について何も語らなかった。
As an architect, he specializes in residential housing design.	彼は建築家として、住宅の設計を専門としている。
For my first five years, I worked at our branch in New York.	私は最初の5年間、ニューヨークの支社で仕事をした。
The International Food Fair always draws lots of guests.	国際食品見本市にはいつも多くの来場者がある。
The high cost of health insurance is a burden on the elderly.	医療保険の高い費用が高齢者にとって負担となっている。
Customer *satisfaction* is the goal of most retail businesses.	顧客満足はほとんどの小売業の目標である。
Many airlines *offer* discounts to frequent flyer members.	多くの航空会社は、頻繁に利用する乗客に割引を提供している。
Before working here, I was an employee of City Food Corporation.	ここで働く前、私はCity Food 社の社員だった。
To become a member, you must first *fill out* this form.	会員になるには、まずこの用紙に記入する必要があります。
The item on my shopping list that I couldn't find was rock salt.	買い物リストの中で見つけられなかった品は岩塩だった。
One factor in the success of any business is location.	どのようなビジネスであれ、成功する要因の一つは立地である。
It is hard to *get* a restaurant reservation at this time of year.	1年のうちこの時期は、レストランの予約を取るのが難しい。
I *read* an article about treasure hunting in the airline magazine.	私は、機内誌で宝探しに関する記事を読んだ。

9

0045 **repair**
☐ [ripéər]
图 修理、修繕、修復
動 を直す、を修理する
☆名詞・動詞共に多い。

0046 **appointment**
☐ [əpɔ́intmənt]
图 予約、(面会の)約束;(役職などの)任命
★appoint 動 (〜するよう)を任命する

0047 **advance**
☐ [ædvǽns]
图 発展、進歩;前進;前払い金
動 進歩する、進む;を進める
★in advance「前もって;前売りで」

0048 **transportation**
☐ [trænspərtéiʃən]
图 交通機関;輸送;交通手段
★transport 動 を輸送する、を運ぶ

0049 **presentation**
☐ [prèzəntéiʃən]
图 発表、プレゼンテーション;(賞などの)贈呈
★present 動 を発表する

0050 **display**
☐ [displéi]
图 展示(品);表現;(パソコンなどの)ディスプレー
動 を展示する;(感情など)を表す
☆名詞用法が多い。

0051 **factory**
☐ [fǽktəri]
图 工場、製造所

0052 **record**
☐ 名 [rékərd]
  動 [rikɔ́ːrd]
图 記録、成績;経歴
動 を記録する
☆アクセント注意。名詞用法が非常に多い。

0053 **representative**
☐ [rèprizéntətiv]
图 代表者、代理人;販売代理店[人]、セールスマン
★represent 動 を代表する

0054 **resource**
☐ [ríːsɔːrs]
图 (通例〜s)資源、資産

0055 **addition**
☐ [ədíʃən]
图 追加、付加;追加物、補強(to)
★add 動 を(に)加える additional 形 追加の

0056 **quality**
☐ [kwáləti]
图 品質、特性;良質

My relationship with my girlfriend is beyond repair.	私のガールフレンドとの関係は修復不可能だ。
My tooth hurts, but I couldn't *get* a dentist appointment until Thursday.	歯が痛いのだが、木曜日まで歯科医の予約をとることができなかった。
During tourist season, it is essential to reserve a hotel in advance.	旅行者シーズンには、前もってホテルを予約することが不可欠である。
Production and transportation *costs* keep going up and up.	製造及び輸送コストがどんどん上がり続けている。
I was not impressed by his *sales* presentation.	彼の販売プレゼンテーションには何も感じなかった。
He keeps his golf trophies in a display *case* in his office.	彼はゴルフのトロフィーをオフィスの陳列ケースに飾っている。
That factory *runs* 24 hours a day, six days a week.	その工場は週6日、一日24時間稼働している。
There are no written records about life in pre-colonial North America.	植民地時代以前の北アメリカの生活に関する文書記録は残ってない。
One of my assigned tasks is to meet with *sales* representatives.	私に課された任務の一つは営業担当者と会うことだ。
Rising production costs and low sales have limited company resources.	製造費の増加と売り上げの不振が、会社の資産を減らしている。
The new professor has been a good addition *to* the faculty.	新任の教授は学部にとって良い増員となっている。
Modern critics all acknowledge the quality of his early artwork.	現代の批評家はみな、彼の初期作品の特性を認識している。

11

| 0057 | **clothing** | 名 (集合的に)衣料品、衣類 |
| | □ [klóuðiŋ] | ☆数えられない名詞 |

0058	**rate**	名 割合、レート；速度；料金；等級
	□ [réit]	動 を評価する；を格付けする；を見なす
		☆名詞「料金」の例が多い。
		★rating 名 評価、支持率

0059	**bill**	名 請求書、請求金額；(主に英)勘定書；法案
	□ [bíl]	動 に請求書を送る；を請求書に記入する
		★billing 名 請求書作成

| 0060 | **comment** | 名 意見、論評、コメント |
| | □ [káment] | 動 (について)論評する(on) |

0061	**receipt**	名 領収書、レシート；受領
	□ [risí:t]	☆つづり注意
		★receive 動 を受ける

| 0062 | **suggestion** | 名 提案、提言 |
| | □ [səgdʒéstʃən] | ★suggest 動 を提案する |

| 0063 | **activity** | 名 活動、活発なこと、活躍；運動 |
| | □ [æktívəti] | |

| 0064 | **agent** | 名 仲介(業)者、代理人[店] |
| | □ [éidʒənt] | |

①05

| 0065 | **author** | 名 著者、作者、作家 |
| | □ [ɔ́:θər] | |

| 0066 | **exhibition** | 名 展覧会、見本市；展示物 |
| | □ [èksəbíʃən] | ★exhibit 名 展示物；展覧会 動 を展示する |

| 0067 | **passenger** | 名 乗客、旅客 |
| | □ [pǽsəndʒər] | |

| 0068 | **arrangement** | 名 準備；取り決め；配置 |
| | □ [əréindʒmənt] | ★arrange 動 の手はずを整える |

Almost a quarter of her budget goes on clothing.	彼女の支出のほぼ4分の1は衣類に費やされる。
The *exchange* rate always varies from bank to bank.	為替レートは常に銀行ごとに異なる。
The bill was a lot less than I expected.	その請求金額は、私が予想したよりかなり安かった。
His handwritten comments were hard for me to read.	彼の手書きのコメントは私には読みづらかった。
When traveling on business, please keep all receipts.	出張の際は、すべての領収書を取っておいてください。
The airline is asking for suggestions on how to improve in-flight service.	その航空会社は、どのように機内サービスを改善するかに関して提言を求めている。
He claims his favorite leisure activity is sleeping.	彼は暇な時にする好きな活動は寝ることだと言い張る。
The job of a talent agent is to promote his or her clients.	役者の代理人の仕事は、それぞれの依頼人（＝役者）を売り込むことである。
My grandmother was the author of several historical novels.	祖母は何冊か歴史小説を書いた作家だった。
Last month the museum *held* an exhibition of work by local artists.	その博物館は先月、地元の芸術家による作品の展覧会を開催した。
Passengers should remain seated until the bus comes to a complete halt.	バスが完全に停止するまで乗客は座ったままでいるほうがよい。
We *have* an arrangement to use our neighbor's parking space.	私たちは隣家の駐車場を使えるように取り決めてある。

0069	**condition** [kəndíʃən]	图 状況；体調；(契約などの)条件
0070	**direction** [dirékʃən]	图 方向、方角；(通例〜s)指示；監督 ★direct 動 を向ける；〜するよう指図する(to do)；を管理する
0071	**goods** [gúdz]	图 商品、品物、グッズ ☆通常、複数扱い
0072	**safety** [séifti]	图 安全、安全性 ★safety gear「安全装置」
0073	**sheet** [ʃíːt]	图 (a 〜 of) 1 枚の(紙など)；一面の(氷など)；1 枚の用紙；シーツ、敷布 ★time sheet「タイムカード」
0074	**tool** [túːl]	图 道具、工具；手段
0075	**variety** [vəráiəti]	图 いろいろ；多様(性)；種類 ★vary 動 異なる
0076	**amount** [əmáunt]	图 量、金額；総額、総量
0077	**conversation** [kὰnvərséiʃən]	图 会話；打ち合わせ
0078	**operation** [ὰpəréiʃən]	图 手術；操作、作動；活動、事業 ★operate 動 (機械が)作動する
0079	**success** [səksés]	图 成功、達成 ★succeed 動 成功する
0080	**title** [táitl]	图 称号、肩書き；表題；権利、資格 動 にタイトル[表題]を付ける
0081	**competition** [kὰmpətíʃən]	图 競争、競合；競争相手；試合、コンテスト ★compete 動 競争する competitive 形 競争力のある

Weather conditions are unpredictable at this time of year.	一年のこの時期は、気象状況は予測不可能だ。
I don't like the direction in which our company is heading.	私は自分の会社が進んでいる方向が気に入らない。
The price of *household* goods has remained stable for many years.	日用品の価格はここ何年も安定している。
Passenger safety is our cab company's top priority.	乗客の安全は、当タクシー会社の最優先事項です。
After the storm, many roads were covered with *a* thin sheet *of* ice.	嵐の後、多くの道路には一面薄い氷が張っていた。
I bought my father some carpentry tools for his birthday.	私は父の誕生日に日曜大工の道具を買った。
These woods are home to *a* variety *of* wild animals.	これらの森にはさまざまな種類の野生動物が住んでいる。
I hope to lower the amount of salt in my diet.	私は食生活の中で塩分の量を減らしたいと思っている。
I'd seen him before, but we'd never *had* any conversation until today.	彼と会ったことはあるが、今日まで会話を交わしたことはなかった。
Despite the power breakdown, ATM machines remain *in* full operation.	停電にもかかわらず、ATM は全面的に稼働し続けている。
Her attempt at a singing career met with no success.	彼女は歌手になろうとしたが成功しなかった。
His doctor's degree is an honorary title granted by the university.	彼の博士号は、大学から名誉称号として与えられたものだ。
Competition in the entertainment industry is usually intense.	芸能界における競争は通例激しい。

0082	**luggage** [lʌ́gidʒ]	名 旅行かばん、スーツケース ☆数えるときは two pieces of ～のように使う。
0083	**mayor** [méiər]	名 市長、町長、村長
0084	**admission** [ædmíʃən]	名 入場、入会、入学；入場料、入学金
0085	**advantage** [ædvǽntidʒ]	名 有利(な点)、利点、利益 ★take advantage of「～を利用する、生かす」
0086	**approach** [əpróutʃ]	名 接近(方法)；(仕事などの)方法、やり方；通じる[近づく]道 動 近づく、接近する；に近づく ☆名詞用法が非常に多い。
0087	**assignment** [əsáinmənt]	名 課題；割り当てること；任務 ★assign 動 を割り当てる
0088	**congratulation** [kəngrætʃuléiʃən]	名 祝い；(～s) 祝いのことば(on)；(C～!) おめでとう ★congratulate 動 にお祝いを述べる(on)
0089	**invitation** [ìnvətéiʃən]	名 招待(状)、勧誘 ★invite 動 を招待する
0090	**patient** [péiʃənt]	名 患者 形 忍耐強い、我慢強い(with) ☆名詞用法が非常に多い。 ★patience 名 我慢(強さ)
0091	**book** [búk]	動 を予約する；を記入する
0092	**close** 動 [klóuz] 形 [klóus]	動 閉まる；を閉める 形 近い(to)；親しい ☆発音注意 ★closed 形 閉じた、閉店[休業]した closure 名 閉鎖

CD
①06

Upon arrival, I found that my luggage had been damaged.	到着したときに、スーツケースが破損していることに気付いた。
The mayor was accused of inappropriate use of city funds.	市長は、市の財源の不適切な使用により告発された。
Food and drinks are reasonable, but the admission *charge* is too much.	食べ物と飲物は手頃な値段だが、入場料は高すぎる。
I couldn't *take* advantage *of* the sale because I got off work late.	仕事が遅く終わったので、特売を利用することができなかった。
The approach to their house is partially obscured by trees.	彼らの家に通じる道は、部分的に木々に覆われている。
Many students avoid professors who give too many assignments.	多くの学生は、あまりに多くの宿題を出す教授を避ける。
I offered Jane congratulations *on* her new promotion.	私は Jane に、昇進のお祝いのことばを述べた。
Everyone *received* an invitation to their wedding but me.	全員が彼らの結婚式への招待を受けたが、私にはなかった。
That hospital has enough beds for only 10 patients.	あの病院には 10 人の患者用のベッドしかない。
The hotel that I usually book had no vacancies.	私がいつも予約するホテルに空室はなかった。
The zoo always closes for the end-of-year holidays.	動物園はいつも年末の休暇期間に閉園する。

17

0093	**present** □ 動 [prizént] 形 [préznt]	動 を発表する；を上演する；を贈る；を提示する 形 現在の；出席して；存在して ☆アクセント注意 ★presence 名 面前；存在；出席
0094	**own** □ [óun]	動 を所有する 形 自分自身の；独自の；(one's ~)自分のもの ★on one's own「一人で；独力で」
0095	**clean** □ [klíːn]	動 をきれいにする、を掃除する 形 きれいな、汚れていない ☆動詞用法が非常に多い。
0096	**miss** □ [mís]	動 を取りそこなう；(機会)を逃す；を乗り損なう；がいないので寂しく思う；失敗する ★missing 形 見つからない、行方不明の
0097	**watch** □ [wátʃ]	動 を注意して見る；を見張る；に気を付ける 名 腕時計
0098	**head** □ [héd]	動 へ進める、へ向ける；を率いる；進む ★be headed for「へ向かう」
0099	**hold** □ [hóuld]	動 (held; held) を持っている；を保つ；を所有する；(be held) 催す
0100	**offer** □ [ɔ́ːfər]	動 を提供する；を申し出る；を提示する 名 提供、申し出；割引 ☆動詞の用例が非常に多い。 ★offering 名 商品、製品、作品
0101	**plan** □ [plǽn]	動 を計画する、~する計画をする(to do)；計画を立てる(on; for) 名 計画；設計図、図面
0102	**store** □ [stɔ́ːr]	動 を保存する、を蓄える 名 店；《英》大型店 ★storage 名 保管；収納スペース

The team will present new uniforms at the press conference.	チームは記者会見で新しいユニフォームを発表する。
I don't own a car and travel only by public means.	私は自分の車を持っていないので、公共交通機関しか使わない。
She cleans her kitchen so often that the sink just shines.	彼女は常に台所をきれいにするので、流し台が光っている。
We missed on our projected sales total by 20 percent.	われわれは計画していた総売上高に20パーセント届かなかった。
I have watched that *movie* more than 20 times.	私はその映画を20回以上見ている。
Unless we can improve sales, we *are* headed *for* financial disaster.	売り上げが伸ばせないなら、われわれは財政破綻に向かう。
The class reunion *was* held at a restaurant downtown.	同窓会は繁華街のレストランで開かれた。
I've been offered a *job* at a different company.	私は別の会社から仕事をもらった。
He planned *to* leave early, but he couldn't finish his work.	彼は早く帰るつもりでいたが、仕事を終えることができなかった。
My sister stores opened coffee in the refrigerator.	妹は冷蔵庫でいつも開封済みのコーヒーを保存する。

0103 **check**
[tʃék]

動 を検査する；を確認する；確かめる(with; into)
★check in「宿泊[搭乗]手続きをする；(荷物)を預ける」 check out「チェックアウトする；を調べる」

0104 **sign**
[sáin]

動 に署名する、にサインする；を合図する
名 標語；合図
☆動詞用法が非常に多い。
★sign up「参加を申し込む」

0105 **mean**
[míːn]

動 (meant; meant) を意味する；〜するつもりである(to *do*)
★I didn't mean it.「本気じゃなかった」

🎧CD
①07
0106 **post**
[póust]

動《コ》(ネットに)を投稿する；を発表する；を掲示する
名 地位、職位；(P〜)〜新聞

0107 **agree**
[əgríː]

動 同意する(on; to)；意見が一致する(with; on; about; wh節)
★agreement 名 同意、一致；協定

0108 **break**
[bréik]

動 (broke; broken) をこわす、を割る；を破棄する；を中断する；こわれる
名 休憩；中断
☆動詞・名詞共に多い。

0109 **carry**
[kǽri]

動 を持って運ぶ；を運ぶ、を運搬する；(計画)を進める、(考え)を伝える；を身に付ける

0110 **cover**
[kʌ́vər]

動 を覆う；(保険が)を補償する；(費用など)をまかなう
名 カバー；表紙

0111 **fill**
[fíl]

動 をいっぱいにする、を満たす；いっぱいになる(with)
★fill in「に書き入れる」

0112 **follow**
[fálou]

動 に従う；について行く；の後に来る
★following 形 (the 〜)次の

This new anti-virus software will check your system thoroughly.	この新しいウイルス対策ソフトは、あなたのシステムを徹底的に検査します。
Everyone in the office signed a get-well card for the boss.	職場の全員が上司へのお見舞いカードに署名した。
I didn't mean *it* when I said I was going to quit.	私はやめるつもりだと言ったが、それは本気ではなかった。
Website members always post *comments* on the latest news.	ウェブサイトのメンバーはいつも最新のニュースにコメントを投稿する。
My husband and I cannot agree *on* what color to paint the house.	夫と私は家を何色に塗るかについて意見が一致しない。
I broke a fingernail when I tried to open this package.	私はこのパッケージを開けようとしたときに指の爪を痛めた。
I think schools make kids carry too many books.	学校は子どもたちにあまりに多くの本を持ち運ばせていると思う。
My father took an extra job to cover the *costs* of my education.	父は私の教育費をまかなうために追加の仕事についた。
I should fill the car *with* gas before we leave tomorrow.	明日私たちが出発する前に、車にガソリンを満タンにしなければ。
A stray dog followed me home from school today.	今日迷子の犬が学校から家まで私についてきた。

21

0113 **pick**
□ [pík]
動 を手に取る(up)；を車に乗せる(up)；選び出す(out)；を受け取る(up)

0114 **decide**
□ [disáid]
動 を決心する(to *do*; that ...)；決める(on; about)
★decision 图 決定；決心

0115 **host**
□ [hóust]
動 を主催する；(番組)の司会をする
图 主人(役)；(番組の)司会者

0116 **grow**
□ [gróu]
動 (grew; grown) 成長する；発展する；(~に)なる；を育てる
★growth 图 成長；増加

0117 **join**
□ [dʒɔ́in]
動 に加入する；の一員になる；をつなぐ；参加する(in)

0118 **lose**
□ [lú:z]
動 (lost; lost) をなくす；を見失う；に負ける
★lose *one's* temper「カッとなる、激怒する」

0119 **share**
□ [ʃéər]
動 を共有する；を分担する
图 市場占有率；分け前
☆動詞用法が非常に多い。

0120 **pass**
□ [pǽs]
動 通る；(時間が)過ぎる；を手渡す；に合格する
图 入場許可(証)、無料券、パス
☆多義語に注意。

0121 **appear**
□ [əpíər]
動 ~のように見える；現れる、登場する
★appearance 图 外見；出現；登場

0122 **collect**
□ [kəlékt]
動 を集める、を収集する；(料金など)を徴収する；集まる
★collection 图 集めること、収集

0123 **mind**
□ [máind]
動 (通例否定文・疑問文で) を嫌がる、を気にする
图 精神、意見、考え；知性；記憶力

I have to go pick *up* my daughter after her piano lesson.	娘のピアノのレッスンの後、彼女を車で迎えに行かなくてはならない。
My son decided *to* give up his glasses for contacts.	私の息子はメガネをやめてコンタクトにすることに決めた。
The company will host a *reception* for retiring employees.	会社は退職する従業員のためのパーティーを主催する。
It seems the rich grow richer and the poor grow poorer.	金持ちはより裕福になり、貧乏人はより貧しくなるように思われる。
I joined an amateur drama circle in my community.	私は地域のアマチュア演劇サークルに加わった。
Jack frequently loses his temper when things don't go well.	Jack は物事がうまくいかないと、よく腹を立てる。
I shared the cab with another passenger heading to the airport.	私は空港へ向かうタクシーに別の乗客と相乗りした。
The deadline for scholarship applications has already passed.	奨学金の申請期限はすでに過ぎている。
I might appear calm but I am really nervous about my test results.	冷静に見えるかもしれないが、テスト結果がじつに気になっているのだ。
My aunt collects pottery from around the world.	私のおばは世界中から陶器を収集している。
The professor *doesn't* mind if students address him by his first name.	その教授は、学生がファーストネームで呼んでも気にしない。

0124 **save**
[séiv]
動 を節約する；を貯金する；を救う；《コ》を保存する

0125 **remain**
[riméin]
動 (〜の状態の)ままである；(に)とどまる

0126 **increase**
動 [inkrí:s]
名 [ínkri:s]
動 増加する、増える；を増やす
名 増加、増大
☆アクセント注意。動詞用法が非常に多い。
★increasingly 副 ますます、いよいよ

0127 **prepare**
[pripéər]
動 を準備する、を用意する；準備する(for; to do)
★preparation 名 準備、備え

0128 **reduce**
[ridjú:s]
動 を減らす；を値下げする
★reduction 名 割引、縮小、削減

0129 **apply**
[əplái]
動 応募する(for; to)；適用される(to)
★applicant 名 応募者、志願者 application 名 応募；アプリ

0130 **add**
[æd]
動 を(〜に)加える(to)
★addition 名 追加、付加 形 additional 追加の、さらなる

0131 **develop**
[divéləp]
動 を発達させる；を開発する
★developer 名 開発者；住宅開発業者

0132 **invite**
[inváit]
動 を招待する(to; for)；A に〜するよう依頼する(〜 A to do)
★invitation 名 招待(状)、勧誘

0133 **lead**
[lí:d]
動 (led; led) を指揮する、を仕切る；を案内する；を連れて行く(to)
★leading 形 一流の、主要な

0134 **note**
[nóut]
動 に留意[注意]する；に気付く(that ...)
名 メモ、注釈
☆動詞用法が非常に多い。
★noted 形 有名な

Instant food is not so healthy but it saves *time*.	インスタント食品はあまり健康的ではないが、時間の節約になる。
Steve remains in charge of marketing despite his poor job performance.	仕事の実績が振るわないのにもかかわらず、Steve は販売管理職にとどまっている。
Our production costs have increased each year for the past decade.	当社の製造コストは、過去 10 年間毎年増加している。
I have to prepare a presentation for the board of directors.	取締役会での発表の準備をしなければならない。
One way to reduce *costs* is to avoid eating out.	出費を減らすための一つの方法は、外食を避けることである。
She hopes to apply *for* a job in the airline industry.	彼女は航空会社の職に応募することを望んでいる。
I sometimes add olives and walnuts *to* my breakfast omelets.	私は時々朝食のオムレツにオリーブとクルミを加える。
The city has a plan to develop its transportation system.	その市では交通網を発達させる計画をしている。
I *was* invited *to* give a presentation about my recent trip.	自分の最近の旅行について講演するよう依頼された。
She led a campaign to abolish smoking on campus.	彼女は大学内での喫煙を廃止する活動を率いた。
I noted *that* he was wearing the same shirt as yesterday.	彼が昨日と同じシャツを着ていることに気付いた。

Level 1　Level 2　Level 3

0135 **produce**
[prədjú:s]
動 を生産する、を制作する
★production 名 生産

0136 **enter**
[éntər]
動 に入る；に入学する；を入力する

0137 **improve**
[imprú:v]
動 を改善[改良]する、を上達させる；良くなる、上達する(in)
★improvement 名 上達；改善

0138 **serve**
[sə́:rv]
動 (食事・飲み物など)を出す；に仕える、に役立つ；役立つ(as)；務める(as, in)
★service 名 業務；(バス・電車などの)便

0139 **encourage**
[inkə́:ridʒ]
動 を(〜するよう)励ます(to do)；を勧める；を奨励する

0140 **express**
[iksprés]
動 を表現する；自分の意見を述べる(〜 one-self)
形 急行の；速達便の
☆動詞・形容詞共に多い。

0141 **celebrate**
[séləbrèit]
動 (特別な日)を祝う、(式典)を挙行する
★celebration 名 祝賀会；祝い

0142 **remove**
[rimú:v]
動 を取り除く；を解雇する；を移動する
★removal 名 除去；解任

0143 **support**
[səpó:rt]
動 を支援する；を(物理的に)支える
名 支援、サポート；支え
☆動詞・名詞共に多い。

0144 **continue**
[kəntínju:]
動 続く、継続する；を続ける；〜し続ける(to do ; doing)

0145 **drop**
[drɑ́p]
動 落ちる、降りる；下降する；倒れる；を落とす、を降ろす
★drop by「立ち寄る」
drop off「(乗り物から)を降ろす」

They haven't produced that model for over 10 years.	彼らはその型を 10 年以上製造していない。
To access your account, you must first enter your password.	アカウントにアクセスするには、まずパスワードを入力する必要があります。
The best way to improve in anything is through practice.	何事においても上達する最善の方法は練習だ。
She will serve as master of ceremonies at the awards banquet.	彼女はその授賞晩さん会で司会を務める。
The professor encouraged all the students to study hard.	教授は学生全員を熱心に勉強するよう励ました。
Most shy people have difficulty in expressing themselves.	ほとんどの内気な人は自分を表現するのが苦手だ。
My grandparents just celebrated their 50th wedding anniversary.	私の祖父母はちょうど結婚 50 周年を祝ったところだ。
The protest signs were removed before the president's tour.	抗議の看板は、大統領の訪問前に撤去された。
I intend to support your proposal to increase imports.	輸入を増やすというあなたの提案を支持するつもりだ。
If you continue to be late, you might lose your job.	もし遅刻し続ければ、あなたは職を失うかもしれない。
An old graduate dropped by my office to say hello.	昔の卒業生があいさつのために私のオフィスに立ち寄った。

27

0146	**raise** [réiz]	動 を上げる；を育てる；を引き起こす
0147	**handle** [hǽndl]	動 を処理する；(手で)を扱う、を操縦する；を商う 名 取っ手、ハンドル
0148	**impress** [imprés]	動 (しばしば be 〜ed)を感動させる(with; by; that ...)；に印象を与える ★impressive形 感動的な；印象的な
0149	**perform** [pərfɔ́:rm]	動 を演奏する；(仕事など)を行う；演奏する ★performance名 演奏；遂行
0150	**last** [lǽst]	動 続く、継続する；もつ、持続する
0151	**track** [trǽk]	動 を追跡する；を追跡調査する 名 小道；(競技場の)トラック、走路；《米》プラットフォーム ★keep track of「の最新状態を把握する」
0152	**exchange** [ikstʃéindʒ]	動 を交換する 名 交換；交換品；両替
0153	**promise** [prámis]	動 を約束する(to do; that ...) 名 約束
0154	**suggest** [sə(g)dʒést]	動 を提案する(doing; that ...)；を暗示する ★suggestion名 提案
0155	**advertise** [ǽdvərtàiz]	動 を宣伝する、を広告する ★advertisement名 宣伝、広告
0156	**attend** [əténd]	動 に出席する、に通う ★attendant名 付添人、お供
0157	**complete** [kəmplí:t]	動 を完成させる；(書類)に書き込む 形 完全な；〜付の(with) ★completely副 完全に、全く

CD ①09

The government intends to raise taxes again next year.	政府は来年、再び税金を上げるつもりだ。
Overactive children can sometimes be difficult to handle.	活発すぎる子どもは、ときに扱うのが難しいことがある。
I *was* impressed *with* the way you handled the emergency.	緊急事態へのあなたの対処法に感動しました。
He plays the guitar but won't perform in front of people.	彼はギターを弾くが、人前で演奏しようとはしない。
If fully charged, my phone battery will last for three days.	フル充電すれば、私の電話のバッテリーは3日間もつ。
Scientists are tracking the course of the comet.	科学者たちはすい星の進路を追跡している。
In the meeting, students exchanged *ideas* about this year's school festival.	その会合で、生徒は今年の学園祭について意見を交換した。
He promised me again *that* he would stop smoking.	彼はタバコをやめることを、再び私に約束した。
If you plan on drinking, I suggest com*ing* by train.	もしお酒を飲むつもりなら、電車で来ることを提案します。
If we want more customers, we have to advertise.	もっと多くの顧客を望むなら、宣伝しなければならない。
I want to attend Mary's *wedding* but I'll be overseas at the time.	Maryの結婚式に出席したいが、その時は海外にいる。
I am not allowed to surf the Net until I complete my *homework*.	宿題を終えるまでインターネットを使わせてもらえない。

0158 **provide**
☐ [prəváid]
動 を提供する、を供給する(〜A with B)；与える(for)

0159 **create**
☐ [kriéit]
動 を創造する、を制作する
★creation 名 創造、創作

0160 **update**
☐ 動 [ʌ̀pdéit]
名 [ʌ́pdèit]
動 を更新する、に最新情報を提供する
名 更新、最新情報
☆名詞の発音が動詞と同じ場合もある。動詞用法が非常に多い。

0161 **announce**
☐ [ənáuns]
動 を発表[公表]する；(の)アナウンスをする
★announcement 名 発表、知らせ

0162 **discuss**
☐ [diskʌ́s]
動 を議論する、を話し合う
★discussion 名 議論

0163 **expect**
☐ [ikspékt]
動 を予期[予想]する(to do)；を期待する；を要求する
★expectation 名 予期、予想

0164 **include**
☐ [inklú:d]
動 を含む、を含める
★including 前 〜を含めて

0165 **replace**
☐ [ripléis]
動 を取り換える、を置き換える(〜A with B)
★replacement 名 後任者、代替品

0166 **reserve**
☐ [rizə́:rv]
動 (切符・部屋など)を予約する
★reservation 名 予約

0167 **charge**
☐ [tʃá:rdʒ]
動 A に B の代金を請求する(〜 A for B；〜 (A) B)；を充電する
名 料金；責任、世話
☆動詞・名詞共に多い。
★in charge of「〜を担当[管理]して」

0168 **locate**
☐ [lóukeit]
動 (be 〜d)位置する(in; at; on)；の位置を見つける
★location 名 場所、位置

My secretary will provide you *with* the agenda for today's meeting.

私の秘書が今日の会議の議題をお渡しします。

He created a short video to introduce his presentation.

彼は自分のプレゼンを紹介するために短いビデオを制作した。

I will update you on his condition as soon as I hear something.

何か耳にしたらすぐに彼の最新情報をお伝えします。

They will announce their first-quarter profits this afternoon.

彼らは今日の午後、第 1 四半期の利益を公表するだろう。

My boyfriend likes to discuss sports, but I'd rather talk about films.

ボーイフレンドはスポーツの話をするのが好きだが、私は映画の話をしたい。

Even if you study Spanish hard, don't expect *to* become fluent soon.

あなたがスペイン語を熱心に勉強したとしても、すぐに流ちょうになると期待してはいけない。

His novels include several works of science fiction.

彼の小説には、SF 作品がいくつか含まれている。

I'd like to replace my mobile phone *with* a newer model.

私は携帯電話を新しいモデルに替えたい。

Our group reserved a *room* at the community center.

私たちのグループはコミュニティーセンターの一室を予約した。

Some stores will charge you *for* plastic bags.

レジ袋の代金を請求する店もある。

Our company headquarters *is* located *in* a suburb of Seattle.

当社の本社はシアトルの郊外に位置しています。

31

CD
①10

0169 **ship**
[ʃíp]

動 (列車・トラックなどで)を出荷[発送・輸送]する
名 船、船舶
★shipment 名 出荷物、貨物；出荷 shipping 名 発送；送料

0170 **accept**
[əksépt]

動 (を)受け入れる、(を)受諾する、(を)認める
★acceptable 形 受け入れられる

0171 **feature**
[fíːtʃər]

動 を呼び物にする、を上演する；を特徴づける
名 特徴、特色；特集記事[番組]

0172 **promote**
[prəmóut]

動 を昇進させる；を推進する、(商品など)の販売促進を行う
★promotion 名 昇進；販売促進

0173 **allow**
[əláu]

動 A に～するのを許す(～ A to do)；(時間・金)を与える；を考慮に入れる(for)
☆発音注意！
★allowance 名 手当、～費

0174 **extend**
[iksténd]

動 を広げる；を延長する；広がる
★extension 名 延長、拡大

0175 **focus**
[fóukəs]

動 を集中させる(on)；焦点が当たる, 集中する(on)
名 関心の的；(物理的な)焦点

0176 **operate**
[ápərèit]

動 (機械が)作動する；(企業が)営業する；手術する；を経営する；を操作する
★operation 名 手術；操作

0177 **damage**
[dǽmidʒ]

動 に損害[損傷]を与える
名 損害、被害

0178 **fix**
[fíks]

動 を修理する；を固定する；(日時など)を決める

0179 **rent**
[rént]

動 を賃借する、を賃貸する
名 賃貸料、家賃
★rental 形 賃貸用の

超頻出

頻出重要

TOEIC®独自語

Level 1

Level 2

Level 3

We will ship your *order* before closing for the day.

本日の閉店前にお客様の注文品を発送いたします。

I tried to order online, but the website would not accept my *credit card*.

私はネットで注文しようとしたが、ウェブサイトは私のクレジットカードを受け付けなかった。

This location has been featured in several TV commercials.

この場所はいくつかのテレビコマーシャルで取り上げられている。

The police department has a new campaign to promote safe driving.

警察は安全運転を促進する新しいキャンペーンを行っている。

My mom will not allow me *to* watch TV after dinner.

母は夕食後にテレビを見ることを私に許さない。

The teacher said he would extend the deadline by one week.

先生は締め切りを1週間延ばすと言った。

Students must focus *on* examinations if they wish to enter college.

大学に入りたければ、生徒たちは試験に集中しなければならない。

We need to hire someone who can operate heavy machinery.

われわれは重機を操作できる人を雇う必要がある。

The earthquake damaged the road leading to our house.

その地震は私たちの家に通じる道路に損害を及ぼした。

I broke the lock to our front gate and can't fix it.

私は表門の鍵を壊してしまい、それを直せない。

We rented a vacation cabin only a kilometer from the beach.

私たちは、海辺からわずか1キロのところに休暇のための小別荘を借りた。

33

0180	**seem** [síːm]	動	(のように)見える；思われる、～らしい(to *do*) ★seem like「～のようだ」
0181	**attract** [ətrǽkt]	動	に魅力を感じさせる、を引きつける ★attraction 名 魅力；呼び物 attractive 形 魅力的な
0182	**prefer** [prifə́ːr]	動	*B* より *A* を好む(～ *A* to *B*)、を選ぶ；(～するより)むしろ～したい(to *do*) ☆would['d]を付けるとより丁寧な表現となる。 ★preference 名 好み、嗜好
0183	**reach** [ríːtʃ]	動	に着く、に到着する；に手が届く；に連絡する
0184	**remind** [rimáind]	動	に思い出させる、に思い起こさせる(about; of; to *do*) ★reminder 名 思い出させるもの[こと・人]
0185	**search** [sə́ːrtʃ]	動	探す(for)、調べる；検索する；(場所)を(～を求めて)探す 名 探索；調査
0186	**advise** [ədváiz]	動	*A* に～するよう忠告する(～ *A* to *do*)；*A* に *B* について助言する(～ *A* on *B*) ★advice 名 忠告、アドバイス
0187	**belong** [bilɔ́ːŋ]	動	に所属する(to; in; among)；の所有である(to) ★belonging 名 (～s)所持品；所有物
0188	**fit** [fít]	動	(ぴったり)はまる(into)、(からだに)合う；に適合する；をはめ込む(in; into)；を合わせる(to) ★fitness 名 健康、フィットネス
0189	**suit** [súːt]	動	を適合させる；に都合がよい；に似合う 名 スーツ、上着 ★suitable 形 ふさわしい、適した

He never seems *to* eat but he keeps getting fatter.

彼は食べているように見えないのだが、どんどん太ってきている。

The boss thinks younger clerks will attract more customers.

その上司は、若い従業員のほうが多くの顧客を引きつけると思っている。

I'd prefer not *to* discuss my personal relationships.

自分の人間関係についてはどちらかというと話したくないのですが。

We had a long discussion but reached no *conclusion*.

私たちは長い話し合いを持ったが、結論に達しなかった。

Unless my wife reminds me, I usually forget our anniversary.

妻が思い出させてくれなければ、私はたいてい記念日を忘れてしまう。

The police are searching *for* a tall man in his twenties.

警察は背の高い20代の男性を捜している。

I asked Dr. Jones to advise me *on* my paper topic.

私はJones先生に論文のトピックについて助言することををを頼んだ。

Serving dishes belong *in* the cabinet above the sink.

盛り付け皿は、流し台の上の棚に納められている。

The song he chose didn't fit the mood of the party.

彼の選んだ歌は、そのパーティーの雰囲気に合っていなかった。

I don't think that color suits you very well.

その色があなたにとても似合っているとは思わない。

0190 **state**
[stéit]
動 を述べる(that ...)、と言う
名 (米国などの)州；国家；状況
★statement 名 声明；陳述

CD
⑪11

0191 **apologize**
[əpálədʒàiz]
動 (A に対して B を)謝る(~ to A for B)
★apology 名 謝罪

0192 **value**
[vǽlju]
動 を尊重する；(値段)をつける
名 価値、値段；(通貨の)価格
★valuable 形 高価な

0193 **free**
[frí:]
形 自由な；無料の；(~の)ない(of; from)；暇な

0194 **sure**
[ʃúər]
形 確信して(of; about; that ...)；きっと(~する)
★make sure「確認する；必ず~する」

0195 **each**
[í:tʃ]
形 それぞれの、各~
代 それぞれ
☆each + 名 は原則として単数扱い。
★each other「互いに[を]」

0196 **favorite**
[féivərit]
形 大好きな、お気に入りの
★favor 名 親切な行為；世話
favorable 形 好意的な；好ましい

0197 **local**
[lóukəl]
形 地元の、現地の；各駅停車の
★locally 副 地元で

0198 **real**
[rí:əl]
形 実際の；本当の
★real estate「不動産(業)」

0199 **similar**
[símələr]
形 (~に)似ている(to)；同様の、類似の

0200 **helpful**
[hélpfəl]
形 役に立つ、有益な

0201 **convenient**
[kənví:njənt]
形 便利な；都合のよい
★convenience 名 便利

Witnesses have stated *that* the driver ignored the stoplight.	目撃者たちはドライバーが赤信号を無視したと証言した。
What really made me mad was that she wouldn't apologize.	本当に私を怒らせたのは、彼女が謝ろうとしなかったことだった。
She told me that she valued my friendship.	彼女は私との友情を大切にしていると言った。
The faculty lounge provides free coffee for all teachers.	教職員ラウンジではすべての教員向けに無料のコーヒーを提供している。
Make sure you pack your battery charger before you go.	出発の前に必ず充電器を詰めなさい。
The police questioned each person at the scene of the accident.	警察は事故現場にいたそれぞれの人から事情を聴いた。
Breakfast is my favorite meal of the day.	朝食は1日のうちで一番好きな食事だ。
The local dialect contains several unique expressions.	その土地の方言には、いくつか独特な表現が含まれている。
Most of his wealth is tied up in real estate.	彼の資産のほとんどは不動産に関連するものだ。
They're brothers, but there is nothing similar about them.	彼らは兄弟だが、似たところは何もない。
The library staff are quite helpful when it comes to searching for materials.	図書館のスタッフは、資料を探すときにとても役に立つ。
The most convenient place to park is at the station.	駐車に最も便利な場所は駅のそばだ。

0202	**expensive** □ [ikspénsiv]	形 (価格が)高い、高価な ★expense 名 (~s)経費；出費
0203	**professional** □ [prəféʃənl]	形 専門的な、職業の；本職の、プロの ★profession 名 職業、専門職
0204	**official** □ [əfíʃəl]	形 公式の、正式な、公用の；役所の 名 役員、職員、公務員
0205	**clear** □ [klíər]	形 わかりやすい；明白な；きれいな；(道路が)すいている；よく晴れた 動 をきれいにする；を取り除く ★clearly 副 はっきりと、明らかに 　clearance 名 在庫一掃；撤去
0206	**pleased** □ [plí:zd]	形 ~してうれしい(to do)；喜んで、満足して(about; at; with; that ...) ★pleasure 名 喜び、楽しみ
0207	**public** □ [pʌ́blik]	形 公の、公共の；広く知られた；公的な 名 (the ~)人々、大衆 ☆形容詞用法が多い。
0208	**several** □ [sévərəl]	形 数個[数人]の、いくつかの ☆後には可算名詞がくる。
0209	**past** □ [pǽst]	形 過去の、過ぎ去った；過ぎたばかりの 名 (the ~)過去 ☆形容詞用法が非常に多い。
0210	**possible** □ [pásəbl]	形 可能な；可能性のある ★as ... as possible「できるだけ…」
0211	**personal** □ [pə́:rsənl]	形 個人的な、個人の；私有の ★personally 副 個人的に
0212	**final** □ [fáinl]	形 最後の、最終的な

First-class seats are far more expensive than those in economy class.

ファーストクラスの座席料金は、エコノミークラスの席に比べてはるかに高い。

My dream was to become a professional musician.

私の夢はプロのミュージシャンになることだった。

They told me I got the job, but the official *announcement* will come later.

彼らは私が職を得たことを知らせてくれたが、正式な通知は後ほど届くことになっている。

On a clear *day*, you can see the distant mountains.

晴れた日には遠くの山々が見える。

We are very pleased *with* the work done by your team.

われわれはあなたのチームの仕事に大変満足しています。

There is a public washroom in the park, but it's not very clean.

公園には公衆トイレがあるが、あまりきれいではない。

Despite sunny skies, I noticed several people were carrying umbrellas.

晴天にもかかわらず、何人かの人がかさを持っていることに気付いた。

I've gained three kilograms only in the past week.

この1週間だけで3キロ太った。

I hope to leave for the airport as *soon* as possible.

私はできる限り早く空港に向けて出発したい。

Please don't use company email for your personal communication.

会社のEメールを個人的な連絡に使わないでください。

After taxes, our final bill came to almost 2,000 dollars.

税引き後、最終的な請求金額は2,000ドル近くになった。

CD
①12

0213 **total**
[tóutl]
形 総計の、全体の；全くの
名 合計、総額
☆形容詞・名詞共に多い。

0214 **excellent**
[éksələnt]
形 優れた、優秀な

0215 **following**
[fálouiŋ]
形 (the ～)次の
名 (the ～)次のこと、下記
★follow 動 に従う

0216 **successful**
[səksésfəl]
形 成功した(in; with)、出世した；好結果の
★success 名 成功

0217 **nearby**
[nìərbái]
形 近くの、近所の
副 近くで、近くに
☆名詞の前では〈near〉に第1強勢がくること
がある。

0218 **effective**
[iféktiv]
形 効果的な；(法律などが)効力を生じて、実施
されて
★effect 名 影響；効果 effectively 副 効果的に

0219 **individual**
[ìndəvídʒuəl]
形 個々の；個人的な；独自の
名 個人

0220 **private**
[práivət]
形 私的な；私有の；民間の

0221 **regular**
[régjulər]
形 規則的な；定期的な；常連の；いつもの；普
通の
☆多様な意味で出題。
★regularly 副 定期的に

0222 **online**
[ànláin]
副 インターネットで、ネットワーク上に
形 インターネットの、ネットワーク上の

0223 **instead**
[instéd]
副 (instead of) ～の代わりに、～ではなく；そ
の代わりに

I haven't calculated the total amount of our vacation costs.

休暇の旅行代金の総額はまだ計算していない。

This new drug has had excellent results in treating cancer.

この新薬はがんの治療に非常に優れた結果を残している。

Please choose your response from *the following* four answers.

次の4つの答えからあなたの回答を選んでください。

The agency announced the successful launch of a new space satellite.

当局は、新しい人工衛星の打ち上げが成功したことを発表した。

I ran into my ex-girlfriend at a nearby coffee shop.

近くのカフェで、昔のガールフレンドにばったり会った。

The most effective cure for the common cold is rest.

一般的な風邪の最も効果的な治療は休息である。

Each island in the entire chain has its own individual culture.

その群島の島一つ一つが独自の文化を持っている。

This is a private beach and no swimming is allowed.

ここは私有のビーチで、水泳は禁止されている。

The waitress knew most of the regular *customers* by name.

そのウェイトレスはほとんどの常連客の名前を覚えていた。

I never *buy* clothes online because I worry they won't fit.

服が自分にぴったりと合わないのが心配なので、私はインターネットで服を買わない。

The waitress brought me a tuna fish sandwich instead of ham on rye.

ウェイトレスはライ麦パンとハムのサンドイッチではなく、ツナサンドを持ってきた。

0224	**though** [ðóu]	接 …にもかかわらず、…だが ★even though「たとえ…であっても，…ではあるが」
0225	**according** [əkɔ́:rdiŋ]	副 (according to) ～によれば；～に従って ★accordingly 副 それに応じて
0226	**recently** [rí:sntli]	副 最近、この頃 ★recent 形 最近の、この頃の
0227	**like** [láik]	前 ～のような、～のように
0228	**probably** [prábəbli]	副 たぶん，恐らく
0229	**including** [inklú:diŋ]	前 ～を含めて
0230	**although** [ɔ:lðóu]	接 ～だが；(もっとも)～ではあるが ☆though より堅い言い方。
0231	**daily** [déili]	副 毎日、日ごとに 形 毎日の、日常の
0232	**nearly** [níərli]	副 ほぼ、ほとんど ☆almost とほぼ同じ意味。
0233	**throughout** [θru:áut]	前 《時間》～のあいだ中；《場所》～の至る所に、～中で
0234	**certainly** [sɔ́:rtnli]	副 (文修飾)確かに、きっと；《口》もちろん、いいとも ★certain 形 を確信している

He complained about the music, even though it wasn't very loud.	それほど大きい音ではなかったが、彼は音楽に文句を言った。
According to witnesses, the driver paid no attention to the stoplight.	目撃者によると、その運転者は停止信号に注意を払わなかった。
Recently I've had a bit of trouble sleeping.	最近、私は少し睡眠障害がある。
These days it *seems* like everything is being computerized.	近年はすべてがコンピュータ化されているように思われる。
I probably left my umbrella on the train.	私はたぶんかさを電車に置き忘れた。
By my count, eight people should be at the dinner, including myself.	数えたところ、私を含めて8人が夕食をとるはずだ。
Although we had never met, we soon discovered several acquaintances in common.	私たちは会ったことがなかったのだが、すぐに共通の知り合いが何人かいることがわかった。
Heavy rain falls almost daily during the early autumn.	秋の初めごろは、ひどい雨がほとんど毎日降る。
His new wife is nearly the same age as his daughter.	彼の新しい奥さんは、彼の娘とほとんど同い年だ。
Our beauty salon is well-known throughout the entire area.	当美容室は、この地域全体に広く知られています。
He certainly seems unhappy with his latest work assignment.	彼は確かに、最近の職務に不満のようだ。

Level 1

Level 2

Level 3

43

● Level 2

CD
①13

0235 **account**
□ [əkáunt]

图 説明；請求書；口座；《コ》(パソコン、メールなどの)アカウント

0236 **conference**
□ [kánfərəns]

图 会議、会談、協議

0237 **delivery**
□ [dilívəri]

图 配送品、配達物；配送、配達
★deliver 動 を配達する；(演説)をする

0238 **equipment**
□ [ikwípmənt]

图 機器、装置、設備
☆数えられない名詞
★equip 動 を備える；を装備する

0239 **material**
□ [mətíəriəl]

图 原料、材料；道具；資料、教材

0240 **construction**
□ [kənstrʌ́kʃən]

图 建設(工事)；構造様式；建造物
★under construction 「建設中の」

0241 **instruction**
□ [instrʌ́kʃən]

图 (通例 ～s)指示、命令；(～s)使用[取扱い]説明書
★instruct 動 に教える

0242 **policy**
□ [páləsi]

图 方針；方策；政策；保険証券

0243 **supply**
□ [səplái]

图 供給；必需品、備品；(備えの)量(of)
動 を供給する
☆名詞用法が多い。
★in short supply 「不足して」

0244 **application**
□ [æplɪkéɪʃən]

图 申し込み、出願、申請書；応用；《コ》アプリ
★apply 動 応募する

0245 **budget**
□ [bʌ́dʒət]

图 予算(額)；経費

0246 **development**
□ [divéləpmənt]

图 発達、発展、成長；開発
★develop 動 を発達[発展]させる

I am unsure of the balance in my *bank account*.	私は自分の銀行口座の残高をよく知らない。
Our hotel is hosting a conference on the usages of artificial intelligence.	当ホテルで人工知能の利用に関する会議が開催されます。
Express delivery will ensure that the package arrives on time.	お急ぎ便にすれば、確実に時間どおりに荷物が届きます。
The bag that I lost was filled with valuable camera equipment.	私が紛失したバッグには高価なカメラ機材が詰め込まれていた。
Building materials have changed dramatically over the last century.	建築材料は過去 1 世紀にわたって劇的に変化してきた。
Our ocean view has been blocked by the construction of an apartment building.	マンション 1 棟の建設によって、海の眺めが遮られた。
The cooking instructions are printed on the back of the package.	調理方法は箱の裏側に印刷されている。
I feel the class attendance policy is too strict.	私は授業の出席に関する方針が厳しすぎると思う。
Patience is often *in short* supply among wealthy people.	裕福な人にはしばしば忍耐が不足している。
The application *deadline* has been extended by one week.	出願の締め切りは 1 週間延期されている。
We went over our budget by 10 percent this year.	今年、当社は予算を 10 パーセント超過した。
The development of agriculture helped civilization spread faster.	農業の発展によって、文明の伝播が急速に促進された。

0247 **detail**
□ [díːteil]

名 詳細；細部；つまらないこと
★in detail「詳細に」
detailed形 詳細な

0248 **fee**
□ [fíː]

名 料金、手数料；報酬

0249 **issue**
□ [íʃuː]

名 問題(点)；発行(物)、(雑誌・新聞の)号、刷
動 を発行する；を支給する
☆名詞用法が非常に多い。

0250 **opportunity**
□ [àpərtjúːnəti]

名 機会、好機、チャンス

0251 **firm**
□ [fə́ːrm]

名 会社、商社

0252 **process**
□ [práses]

名 過程、進行；工程、手順
動 を加工処理する；を処理する
☆名詞用法が非常に多い。
★proceed名 収益、売り上げ

0253 **production**
□ [prədʌ́kʃən]

名 生産(物)；製造(品)；制作
★produce動 を生産する
product名 製品
productive形 生産性の高い

0254 **release**
□ [rilíːs]

名 解放；発売、発表
動 を発売する、を発表[公開]する；解放する

0255 **survey**
□ 名 [sə́ːrvei]
　 動 [sərvéi]

名 調査報告書；調査
動 を調査する；を概説する
☆アクセント注意。名詞用法が非常に多い。

0256 **colleague**
□ [káliːg]

名 同僚、仲間

0257 **file**
□ [fáil]

名 情報、記録；(バインダーなどの)ファイル；
《コ》ファイル
動 (書類)をファイルにとじる；を提出する
☆名詞用法が非常に多い。

46

The doctor took time to explain my condition in detail.	医師は時間を割いて私の病状について詳細に説明してくれた。
Lawyer fees are often too high for low-income individuals.	弁護士費用は、低所得者にとってしばしば高すぎる。
The February issue of the magazine will focus on Valentine's Day customs.	その雑誌の2月号では、バレンタインデーの習慣を特集する。
I will return his call *at* my first opportunity.	できるだけ早い機会に、彼に折り返し電話をするつもりだ。
Unless we increase sales, our firm will be bankrupt within five years.	売上高を増やさない限り、わが社は5年以内に倒産するだろう。
Dr. Green is *in the* process *of* renovating his office.	Green先生はオフィスをリフォームしている最中だ。
We plan to *increase* production to meet the high demand.	当社は高い需要を満たすために生産を増やすことを計画しています。
The *press* release did not offer any details about his reason for quitting.	報道発表は彼の辞任の理由について一切詳細を述べなかった。
The survey had to do with Internet usage.	その調査はインターネット利用に関連するものだった。
One of my colleagues is the son of a famous actor.	私の同僚の一人は有名な俳優の息子だ。
He claimed he had misplaced the file with last year's records.	彼は昨年の記録が入ったファイルを置き忘れたと言い張った。

0258	**payment** [péimənt]	名 支払い；支払金
0259	**access** [ǽkses]	名 接近(方法)、アクセス；近づく[入る]権利 動 に接近する；《コ》に接続する ★accessible 形 近づきやすい、利用できる
0260	**facility** [fəsíləti]	名 施設、設備；機能；才能
0261	**fund** [fʌ́nd]	名 (～s) 資金、基金；(～s) 財源 動 ～に出資する ☆名詞用法が非常に多い。
0262	**industry** [índəstri]	名 産業、産業界 ★industrial 形 産業の industrious 形 勤勉な
0263	**expense** [ikspéns]	名 (～s) 経費；出費、支出 ★expensive 形 (価格が)高い
0264	**career** [kəríər]	名 職業、仕事；経歴
0265	**estimate** [éstəmət]	名 見積もり；概算、推定 ★estimated 形 推定の、見積の
0266	**crew** [krú:]	名 乗組員、乗務員；一団、チーム ☆単数にも複数にも扱われる。
0267	**decision** [disíʒən]	名 決定、決意、結論 ★decide 動 を決める、決定する
0268	**ingredient** [ingrí:diənt]	名 成分、材料；要素
0269	**proposal** [prəpóuzəl]	名 提案、申込み；企画案、提案書 ★propose 動 を提案する
0270	**quarter** [kwɔ́:rtər]	名 4分の1；四半期、3ヵ月；15分 ★quarterly 形 年4回の、3ヵ月おきの

You should suspend payment until the repairs are finished.	修理が終わるまで支払いを保留したほうがいい。
The only access to the property is by a narrow walkway.	その物件に近づく唯一の方法は、狭い小道だけである。
Free Wi-Fi service is not available in this facility.	この施設に無料の Wi-Fi サービスはありません。
The city will *raise* funds by increasing property taxes.	市は資産税の増税により資金を調達する予定である。
The publishing industry has undergone vast changes in the digital age.	出版業界はデジタル時代において大きな変革を経験している。
The airport shuttle bus was an expense I hadn't planned on.	空港のシャトルバスは予定外の支出だった。
His career as a professional golfer lasted over 20 years.	プロゴルファーとしての彼の職業は 20 年以上続いた。
When we had our house painted, we sought estimates from three companies.	自宅の塗装をしたとき、私たちは 3 社に見積もりを依頼した。
The film crew was ready, but the actors arrived late.	撮影班の準備はできていたが、俳優たちの到着が遅れた。
Purchasing a house is an important decision for any couple.	家の購入はどの夫婦にとっても重要な決断だ。
The main ingredients in ketchup are tomatoes, sugar, and vinegar.	ケチャップの主な原料はトマト、砂糖、そして酢である。
The committee has yet to *approve* any proposal on reducing costs.	委員会はまだコスト削減に関するいかなる提案も承認していない。
We usually have our best sales results in the fourth quarter.	当社は通例、第 4 四半期に最高の販売実績を達成する。

0271 **security**
[sikjúərəti]
图 安全；安心；セキュリティ、警備（態勢）
★secure 動 を確保する

0272 **version**
[vɔ́:rʒən]
图 （本・製品などの）版、《コ》バージョン；見解、意見

0273 **benefit**
[bénəfit]
图 利益、恩恵；手当、給付金
動 （～から）利益を得る（from; by）
★beneficial 形 役に立つ、有益な

0274 **candidate**
[kǽndidèit]
图 候補者(for)；志望[志願]者(for)

0275 **celebration**
[sèləbréiʃən]
图 祝賀会；祝い
★celebrate 動 （特別な日）を祝う

0276 **organization**
[ɔ̀:rgənizéiʃən]
图 団体、組織；組織化
★organize 動 を組織する

0277 **reception**
[risépʃən]
图 招宴、歓迎会；接待、（世間の）受け、反応；受付
★receptionist 图 （ホテル・会社などの）受付係

0278 **recipe**
[résəpi]
图 調理法、レシピ(for)

0279 **agreement**
[əgrí:mənt]
图 同意、一致；協定
★agree 動 同意する

0280 **deposit**
[dipázit]
图 預金；手付金、敷金
動 を置く；を預金する；（手付金として金）を支払う

0281 **laboratory**
[lǽbərətɔ̀:ri]
图 研究所；研究室、実験室
☆《口語》lab

0282 **permit**
名 [pɔ́:rmit]
動 [pərmít]
图 許可書、許可証
動 （を）許可する、許す
☆アクセント注意
★permission 图 許可、認可

Airport security has become tighter over the years.	空港の警備は年を追って厳しくなっている。
I have yet to install the latest version of the operating system.	私はまだ最新バージョンの OS をインストールしていない。
Free shipping is a major benefit for Gold Card members.	送料無料はゴールドカード会員にとって大きな利益となる。
I do not like either of the candidates *for* mayor.	私はどちらの市長候補も好きではない。
The wedding celebration began at noon and finished at midnight.	結婚の祝賀会は正午に始まって深夜 0 時に終わった。
His law office has no ties with any *political* organization.	彼の法律事務所は、いかなる政治団体ともつながりがない。
Her violin solo *received* a warm reception from the audience.	彼女のバイオリンソロ演奏は聴衆からあたたかい反応を受けた。
Grandma gave me her recipe *for* pumpkin pie.	祖母は私にパンプキンパイの作り方を教えてくれた。
The trade agreement must be approved by all participating countries.	貿易協定はすべての参加国が承認しなくてはならない。
Repairs will only begin after you *place* a deposit in the company account.	手付金を会社の口座に納めれば、修理が始まります。
Our laboratory has strict rules in regard to smoking.	われわれの研究施設では喫煙について厳しい規則が設けられている。
You can't begin work without a building permit.	建築許可証なしに作業を開始することはできない。

0283 **preparation**
[prèpəréiʃən]
图 準備、備え(for; of)
★prepare 動 を準備する

0284 **publication**
[pʌblikéiʃən]
图 刊行(物)、出版(物)
★publish 動 を出版する

0285 **row**
[róu]
图 (横に並んだ)列；(劇場などの横方向の)列席
☆「(縦に並んだ)列」は line
★in a row「(期間を)連続して；1列になって」

0286 **tip**
[típ]
图 ヒント、こつ(on; for)；チップ、心づけ；先、先端
☆「ヒント、こつ」の意味が非常に多い。

0287 **announcement**
[ənáunsmənt]
图 発表、知らせ、アナウンス
★announce 動 を発表[公表]する

0288 **arrival**
[əráivəl]
图 到着；到着便
形 到着の
☆名詞・形容詞ともに多い。

0289 **assembly**
[əsémbli]
图 (部品の)組み立て；議会；集会
★assemble 動 を組み立てる、を作り上げる

0290 **employment**
[implɔ́imənt]
图 雇用；職業
★employ 動 を雇用する

0291 **landscape**
[lǽndskèip]
图 風景；風景画、風景画法

0292 **ability**
[əbíləti]
图 能力；才能、技量

0293 **association**
[əsòusiéiʃən]
图 協会；交際、提携；関連
★in association with「の協力によって、と共同で」 associate 图 仲間、同僚

0294 **committee**
[kəmíti]
图 委員会；(全)委員

Preparations *for* next year's festival have already begun.

来年の祭りのための準備はすでに始まっている。

Ten years have passed since the publication of her last novel.

彼女が最後の小説を出版してから10年がたっている。

Almost no one sits in the first row.

最前列にはほとんど誰も座っていない。

This website always has good tips *on* what stocks to buy.

このウェブサイトはいつも、どの株を買うべきかについて良いヒントをくれる。

There have been no announcements as to when train service will resume.

列車の運行がいつ再開するかについての案内が何もされていない。

I want to reserve a flight with an early arrival time.

早い時間に着くフライトを予約したい。

The lack of parts caused a shutdown of the assembly *line*.

部品の不足が組み立てラインの操業停止を招いた。

Our new employment guidelines have improved gender diversity at our office.

わが社の新しい雇用ガイドラインは、職場における性別の多様性が改善されている。

The winter landscape can be cold and unpleasant.

冬景色は寒くて不快になることがある。

I wish I *had* my mother's cooking ability.

私に母のような料理の能力があったらよかったのに。

The festival was sponsored by local merchants in association with city hall.

祭りは市役所の協力の下、地元の商工業者が後援した。

The committee has postponed its regular meeting until next week.

委員会は定例会議を来週に延期した。

0295	**contribution** [kàntrəbjúːʃən]	图 貢献(to; toward)；寄付(金)(to; toward) ★contribute 動 寄付[提供]する；貢献する
0296	**council** [káunsəl]	图 評議会(委員)、審議会(委員)；地方議会(議員)
0297	**demonstration** [dèmənstréiʃən]	图 デモ；実演；論証 ★demonstrate 動 を説明する
0298	**discussion** [diskʌ́ʃən]	图 議論、話し合い ★discuss 動 を議論する
0299	**grant** [grǽnt]	图 助成金、補助金；許可 動 を与える；を認める ☆名詞・動詞共に多い。
0300	**permission** [pərmíʃən]	图 許可、認可 ★permit 图 許可書、許可証
0301	**solution** [səlúːʃən]	图 解決策、解決(to; for)、解答
0302	**contact** [kɑ́ntækt]	動 に連絡する、と連絡を取る 图 接触；関係、連絡 ☆動詞用法が非常に多い。
0303	**purchase** [pɔ́ːrtʃəs]	動 を買う、を購入する 图 購入、購入品 ☆動詞・名詞共に多い。
0304	**request** [rikwést]	動 を頼む、を要請する、(〜するよう、〜することを)要請する(to *do*; that ...) 图 要請、依頼；頼みごと ☆動詞・名詞共に多い。
0305	**review** [rivjúː]	動 を再検討する；を復習する；を論評する 图 (書物などの)批評；再検討；復習 ☆動詞・名詞共に多い。
0306	**confirm** [kənfɔ́ːrm]	動 を確認する；を強める ★confirmation 图 確認

The disarmament council has made a large contribution *to* world peace.	軍縮会議は世界平和に多大な貢献を果たした。
Council members are elected for a term of two years.	評議会委員は2年任期で選出される。
I viewed an online demonstration of the new equipment.	私は新しい機器の実演をネットで見た。
After discussion, the committee decided to extend the application deadline.	協議の末、委員会は申込期限を延長することに決めた。
Our department is applying for a government research grant.	われわれの部署は、政府の研究助成金を申請している。
I *need* my dad's permission before borrowing the car.	車を借りる前に父さんの許可が必要だ。
The solution *to* our declining profits is not fewer personnel.	わが社の利益減少に対する解決策は、人を減らすことではない。
I have to contact my boss before I can lower the price.	値引きする前に上司と連絡を取らなくてはならない。
I sometimes purchase a lottery ticket on my way home.	私は時々、帰宅途中で宝くじを購入する。
We request *that* passengers remain in their seats with their seat belts fastened.	お客様には着席の上、シートベルトを着用するようお願いいたします。
I promise to review your proposal before the committee meeting.	委員会の会合の前にあなたの提案を再検討することを約束します。
Calling to confirm your flight is not necessary.	搭乗便を確認するための電話は必要ありません。

0307	**mention** [ménʃən]	動 …と述べる(that ...; wh 節)；に言及する、 〜の名を挙げる
0308	**deliver** [dilívər]	動 (演説など)をする；を配達する ★delivery 名 配達、発送
0309	**recommend** [rèkəménd]	動 を勧める、を推薦する ★recommendation 名 推薦
0310	**participate** [pɑːrtísəpèit]	動 参加する(in) ★participation 名 参加 participant 名 参加者
0311	**publish** [pʌ́bliʃ]	動 を出版する；を掲載する、を発表する ★publishing 名 出版(業) publisher 名 出版社
0312	**approve** [əprúːv]	動 を認可する、を承認する；に賛成する ★approval 名 承認、許可
0313	**cancel** [kǽnsəl]	動 を取りやめる、を取り消す、をキャンセルする る ★cancellation 名 取り消し、キャンセル
0314	**install** [instɔ́ːl]	動 を設置する；《コ》をインストールする ★installation 名 設置；《コ》インストール
0315	**register** [rédʒistər]	動 (を)登録する、登記する；(計器などが数値) を示す；を書留にする 名 (店の)レジ ★registration 名 登録
0316	**delay** [diléi]	動 を遅らせる；を延期する 名 遅れ、遅延、延期 ☆動詞・名詞共に多い。 ★without delay 「遅滞なく、即刻」
0317	**expand** [ikspǽnd]	動 (を)拡張する、(を)拡大する ★expansion 名 拡張、拡大
0318	**organize** [ɔ́ːrgənàiz]	動 を組織する；を準備する；を整理する、をまとめる とめる ★organization 名 団体、組織

I forgot to mention *that* there's been a change in today's schedule.	今日のスケジュールに変更が出たことを言い忘れました。
The president plans to deliver a *speech* on tax reform.	大統領は税制改革についての演説を行う予定だ。
I always ask the waiter to recommend the wine.	私はいつもウェイターにワインを薦めるよう頼む。
Only unpublished writers can participate *in* the poetry contest.	出版作品のない作家のみが、詩のコンテストに参加することができる。
I am too shy to publish my poetry under my own name.	自分の名前で詩を出版するなんて、私には恥ずかしすぎてできない。
The bank did not approve my loan *request*.	その銀行は私のローンの申し込みを承認しなかった。
My flight was canceled because of the typhoon.	私が乗るフライトは台風のせいでキャンセルされた。
These days most software is easy to install.	近頃、ほとんどのソフトウェアはインストールすることが簡単だ。
Participants were asked to register *for* the conference in advance.	参加者は会議出席のために事前に登録するよう求められた。
If you delay saving for retirement, you will regret it.	退職に備える貯金を先延ばしにすれば、後悔することになるだろう。
We hope to expand our business to include delivery service.	当社は事業を拡大して配達サービスを含めたいと思っています。
He asked me to organize a farewell party for Susan.	彼は私に、Susan のための送別会を企画するよう頼んだ。

0319 **require**
□ [rikwáiər]

動 を必要とする、A に〜するよう要求する(〜 A to do)
★requirement名 (しばしば〜s)必要な物[こと]

0320 **conduct**
□ 動 [kəndʌ́kt]
名 [kándʌkt]

動 を行う；(〜 oneself)ふるまう；を指揮する
名 行為；指揮
☆アクセント注意。動詞用法が非常に多い。
★conductor名 車掌

0321 **consider**
□ [kənsídər]

動 を考慮に入れる、よく考える；を〜と見なす
★considerable形 かなりの；著名な

0322 **launch**
□ [lɔ́:ntʃ]

動 を開始する；を売り出す；を発射する

0323 **describe**
□ [diskráib]

動 を述べる；A を B だと言う[みなす] (〜 A as B)
☆B は名詞・形容詞・現在分詞。
★description名 描写；説明

0324 **limit**
□ [límit]

動 を限定する、を制限する(to)
★limited形 制限された；わずかな；《主に英》有限責任の

0325 **correct**
□ [kərékt]

動 を訂正する，を修正する；をしかる
形 正しい、正確な
★incorrect形 不正確な

0326 **indicate**
□ [índikèit]

動 を示す(that ...)；を述べる；のしるしである
★indicator名 指示器、インジケーター

0327 **press**
□ [prés]

動 を押す
名 報道機関；記者団；報道；出版社
☆動詞・名詞共に多い。

0328 **manage**
□ [mǽnidʒ]

動 なんとか〜する(to do)；を経営する、をうまく処理する
★management名 経営者、経営陣

0329 **revise**
□ [riváiz]

動 を見直す、を修正する、を改訂する
★revision名 修正、改正

Stores *are* required *to* refrigerate all milk and dairy products.	店はすべての牛乳と乳製品を冷蔵することを義務付けられている。
Please conduct *yourself* politely when using public transportation.	公共交通機関を使う際は礼儀正しくふるまってください。
When reserving a hotel, I always consider distance from the airport.	ホテルを予約するとき、私はいつも空港からの距離を考慮する。
We hope to launch a new series of products next spring.	当社は来春、製品の新しいシリーズを発売したいと考えています。
I would describe her *as* talkative but not so friendly.	彼女はおしゃべりだと言えるが、それほど友好的ではない。
Storm damage was limited *to* apartments facing east.	嵐の被害は集合住宅の東側に面した部屋に限られた。
He corrects improper pronunciation whenever his students speak.	生徒が話すといつも、彼は不適切な発音を正す。
Rising interest rates indicate *that* the economy is doing well.	金利の上昇は経済が好調であることを示している。
Press the "Clear" button if you wish to enter the data again.	もしデータを再度入力したい場合は「クリア」ボタンを押してください。
A successful leader must learn how to manage his or her *time*.	成功するリーダーは時間をうまく使う方法を学ばなくてはならない。
The firm revised its projected costs for the year.	その会社は1年間の推定経費を見直した。

0330 **appreciate**
□ [əprí:ʃièit]

動 に感謝する；〜の価値を認める；を正しく理解する
★appreciation 名 感謝；鑑賞

0331 **determine**
□ [ditə́:rmin]

動 (数値など)を(正確に)測定する、を特定する；を決定する
★determination 名 決定

0332 **dine**
□ [dáin]

動 食事をする

0333 **attach**
□ [ətǽtʃ]

動 を取り付ける；を付与する；《コ》を添付する(to; with)
★attachment 名 取り付け；《コ》添付ファイル

0334 **inform**
□ [infɔ́:rm]

動 に通知する、A に B を知らせる(〜 A of [about]B; that ...)
★information 名 情報

0335 **transfer**
□ [trænsfə́:r]

動 を転任させる(from; to)；を振り込む；を移す；転任する；乗り換える

0336 **combine**
□ [kəmbáin]

動 A を B とを結びつける(〜 A with [and] B)；(〜と)結びつく(with)
★combination 名 結合

0337 **compete**
□ [kəmpí:t]

動 競争する(for; against)、(競争に)参加する(in)
★competition 名 競争、試合
competitive 形 競争力のある

0338 **guarantee**
□ [gærəntí:]

動 を保証する，〜ということを保証する(that ...; to do)；を請け合う
名 保証
☆動詞用法が非常に多い。

0339 **involve**
□ [inválv]

動 を巻き込む、を含む(doing)；にかかわる
★involvement 名 関与

I always appreciate your prompt *response* to my emails.	E メールに迅速にお答えいただき、いつも感謝しております。
The police have yet to determine the cause of the accident.	警察は事故の原因をまだ特定していない。
As a diplomat he dined with various heads of state.	彼は外交官として、多くの国家元首と会食をした。
Please find the schedule for April attached *with* this mail.	このメールに添付した 4 月の予定表をご覧ください。
I want to inform you *of* a change in the schedule.	あなたにスケジュールの変更を知らせたい。
My father has been transferred *to* his company office in London.	父は会社のロンドン事務所に転勤になった。
I have heard it isn't wise to combine beer *and* whiskey.	ビールとウイスキーを混ぜるのは良くないそうだ。
Graduates need computer skills in order to compete *for* jobs.	卒業生は職を求めて競うためにコンピューターの技能が必要だ。
Attending each class is important, but it doesn't guarantee you will pass.	それぞれの授業に出席することは重要だが、それが合格を保証するわけではない。
For most people, purchasing a home involves securing a loan from a bank.	ほとんどの人にとって、家の購入は銀行のローンを組むことを伴う。

0340	**refer** [rifə́:*r*]	動 を参照する、に問い合わせる(to)；〜に言及する(to) ★reference 名 参照；言及；関連

| 0341 | **available** [əvéiləbl] | 形 利用できる、入手できる；手があいていて ★availability 名 利用[入手]できること |

| 0342 | **likely** [láikli] | 形 おそらく〜となるだろう(to *do*)；ありそうな、起こりそうな |

| 0343 | **concerned** [kənsə́:*r*nd] | 形 心配して(about; for; that ...)；関心を持って(with; about) ★concern 名 心配；関心事；関連 concerning 前 〜に関して |

| 0344 | **extra** [ékstrə] | 形 追加の、余分の |

| 0345 | **financial** [fənǽnʃəl] | 形 金銭的な；財政上の、会計の ★finance 名 財政 financially 副 経済的に |

| 0346 | **recent** [rí:snt] | 形 最近の ★recently 副 最近 |

| 0347 | **annual** [ǽnjuəl] | 形 年1回の、毎年の ★annually 副 年に1回、毎年 |

| 0348 | **current** [kə́:rənt] | 形 現在の、現在起きている ★currently 副 現在は；目下 |

| 0349 | **original** [ərídʒənl] | 形 元々の、最初の；新たな；独創的な ★originally 副 元々は、最初は |

| 0350 | **due** [djú:] | 形 期限が来て；到着予定で(at; in; on)、(〜する)予定で(to *do*) ★due to 「〜が原因で」 |

| 0351 | **previous** [prí:viəs] | 形 (時間・順序が)以前の、先の ★previously 副 前もって、以前は |

In regard to overtime rules, please refer *to* page 10 of the employee handbook.

時間外労働の規定については、従業員規則の 10 ページを参照してください。

I liked those slacks, but they were not available in my size.

そのスラックスを気に入ったが、私のサイズのものを入手できなかった。

The board chairman is likely *to* retire at year's end.

取締役会の会長は今年末で辞任するようだ。

Most people are concerned *about* climate change and its effects.

ほとんどの人が気候変動とその影響を懸念している。

I always carry an extra pen in case I misplace the first one.

私は置き忘れたときのために、いつも 1 本余分のペンを携帯している。

Analysts say the financial crisis has been caused by a lack of investor confidence.

その金融危機は、投資家の信頼が不足したために引き起こされたとアナリストは述べている。

The recent economic news hasn't been very positive.

最近の経済ニュースは必ずしも良いものではない。

The annual office party will be held on the 29th.

年に一度の事務所パーティーは 29 日に開催される。

The current president of our company is the son-in-law of the founder.

当社の現在の社長は、創業者の義理の息子です。

The original version of this song was over 10 minutes long.

この歌の最初のバージョンは、10 分を超える長さがあった。

The final paper is due on the last day of class.

最終論文は授業の最終日が提出期限だ。

The previous owner always kept the lawn in good condition.

前の所有者は常に芝生を良好な状態に保っていた。

63

0352	**commercial** [kəmə́ːrʃəl]	形 商業の；営利目的の 名 コマーシャル，宣伝
0353	**further** [fə́ːrðər]	形 それ以上の、さらなる 副 さらに、もっと ☆形容詞・副詞共に多い。
0354	**certain** [sə́ːrtn]	形 を確信している(of; that ...)；必ず～する(to *do*)；ある；一定の；ある程度の ★certainly 副 確かに
0355	**general** [dʒénərəl]	形 全体的な；一般的な；(職位の前に)総～、～長官 名 一般原理 ☆形容詞用法が非常に多い。 ★in general「一般的に、通常は」
0356	**medical** [médikəl]	形 医療の、医学の
0357	**temporary** [témpərèri]	形 臨時の、一時的な ★temporarily 副 一時的に、仮に
0358	**entire** [intáiər]	形 全体の；全面的な ★entirely 副 全く、すっかり
0359	**historic** [histɔ́ːrik]	形 歴史的な、歴史的に有名な；歴史に残る
0360	**usual** [júːʒuəl]	形 いつもの、普通の ★as usual「いつものように」
0361	**responsible** [rispánsəbl]	形 責任のある(for) ★responsibility 名 責任
0362	**specific** [spisífik]	形 特定の；具体的な；独特の 名 (～s) 詳細、細部 ★specifically 副 特に、特別に
0363	**whether** [hwéðər]	接 (whether ...) …かどうか；(whether *A* or *B*)*A* か *B* か

Commercial regulations are quite strict in this industry.	この業界の商取引の規制は極めて厳格だ。
Upon further video review, the umpires ruled the runner was safe.	さらにビデオを見直したところ、審判はランナーがセーフだと判定した。
My allergies are activated only by certain types of pollen.	私のアレルギーは、ある種類の花粉にだけ反応する。
My general advice to a new employee is simply to do their best.	私の新入社員に対する一般的なアドバイスは、単純に全力を尽くしなさいということだ。
Without insurance, medical *costs* may take all your savings.	保険がないと、医療費によって蓄えのすべてがなくなるかもしれない。
I will serve as a temporary replacement until a new hire is made.	新しい採用があるまで、私が臨時の後任を務める。
The entire *nation* viewed the championship match on television.	国全体が、テレビで決勝戦を見た。
His acceptance speech was a historic *moment* for our nation.	彼の就任演説は、わが国にとって歴史的な瞬間だった。
My usual breakfast consists of toast and black coffee.	私のいつもの朝食は、トーストとブラックコーヒーだ。
We don't yet know who is responsible *for* the damage.	誰がこの損害に対して責任を負うのか、まだわからない。
Students need to know specific ways to improve their test scores.	学生は試験の成績を上げるための具体的な方法を知る必要がある。
I'm not sure whether I can attend your party *or* not.	あなたのパーティーに出席できるかどうかわからない。

0364	**unfortunately** □ [ʌnfɔ́ːrtʃənətli]	副	(通例文頭で) 残念なことに、不運にも ☆反意語は fortunately
0365	**mainly** □ [méinli]	副	主に、大部分は
0366	**directly** □ [diréktli]	副	直接；率直に、はっきりと
0367	**immediately** □ [imíːdiətli]	副	すぐに、ただちに、即座に ★immediate 形 即座の；すぐ隣の
0368	**per** □ [pər]	前	～につき、～ごとに ★per person 「1 人当たり」
0369	**previously** □ [príːviəsli]	副	以前は ★previous 形 前の、以前の
0370	**fully** □ [fúli]	副	十分に、完全に ☆not ... fully は部分否定。

66

Unfortunately, I missed the train by only seconds.	残念なことに、数秒差でその電車に乗りそこなった。
Farmers here raise mainly corn, wheat, and soybeans.	ここの農家は主にトウモロコシ、小麦、そして大豆を育てている。
Avoid talking to his secretary and try to contact him directly.	彼の秘書に話をするのは避けて、彼に直接連絡を取ったほうがよい。
The wedding reception will be held immediately after the ceremony.	結婚披露宴は、結婚式の後すぐに開かれる予定だ。
The car is large but only gets about 20 miles per gallon of gas.	この車は大きいが、ガソリン1ガロン当たり約20マイルしか走らない。
She was previously married to an airline pilot.	彼女は以前、航空会社のパイロットと結婚していた。
The new factory is not yet fully operational.	新しい工場はまだ完全に稼働可能なわけではない。

● Level 3

CD
①19

0371	**client** [kláiənt]	名 顧客、取引[得意]先、クライアント
0372	**session** [séʃən]	名 (特定の活動のための)集まり、セッション； 会期 ★in session「開会中で」
0373	**deadline** [dédlàin]	名 締め切り、期日
0374	**coupon** [kú:pɑn]	名 割引券、クーポン券
0375	**management** [mǽnidʒmənt]	名 経営者、経営陣；経営 ★manage 動 なんとか~する(to do)
0376	**option** [ápʃən]	名 選択できるもの、選択肢；付属のもの[品] ★optional 形 任意の、選択が自由の
0377	**advertisement** [ædvərtáizmənt]	名 広告、宣伝 ★advertise 動 を宣伝する
0378	**contract** 名 [kántrækt] 動 [kəntrǽkt]	名 契約(書)(with; to; between; for) 動 と契約する ☆アクセント注意。名詞用法が非常に多い。
0379	**participant** [pɑ:rtísəpənt]	名 参加者、関係者 ★participate 動 参加する
0380	**description** [diskrípʃən]	名 説明、記述、描写；説明書 ★beyond description「ことばでは表現できない」
0381	**feedback** [fí:dbæk]	名 意見、反応、フィードバック
0382	**shipment** [ʃípmənt]	名 出荷物、貨物；出荷 ★ship 動 (列車・トラックなどで)を出荷[発送・輸送]する

I promised the client I would finish the report by Friday.	私は金曜日までに報告書を完成させると顧客に約束した。
The city council is not in session during August.	8月中は市議会は開会されない。
He usually finishes his work long before the deadline.	彼はたいてい締め切りのかなり前に仕事を完成させる。
This coupon allows a 50 percent discount on any drink.	この割引券ですべての飲み物が50パーセント引きになる。
The pizza shop is now *under* new management.	そのピザ店は現在、新しい経営管理下にある。
The doctor said surgery was not an option at this time.	現時点で手術は選択肢にない、とその医師は言った。
I found an advertisement for the new pizza shop in my mailbox.	郵便箱に新しいピザ店の広告を見つけた。
Our contract *with* the cleaning service will expire next month.	清掃サービスとの契約は来月終了する。
One of the participants withdrew from the race.	参加者の1人がレースへの出場を取りやめた。
The destruction brought by the storm was almost beyond description.	その嵐による破壊状況は、ほとんどことばでは言い表せなかった。
Many professors pay no attention to feedback on their classes.	多くの教授は自分の授業に関する意見に注意を払わない。
The shipment is due to arrive today but has yet to come.	出荷品は今日到着予定だが、まだ届いていない。

0383	**resume** [rézəmèi]	名《米・豪》履歴書；要約、概略 ☆発音注意
0384	**vehicle** [víːəkl]	名 乗り物、車両
0385	**appliance** [əpláiəns]	名 器具、機器、電化製品
0386	**complaint** [kəmpléint]	名 不平、不満、クレーム、苦情 ★complain 動 (不平、苦情)を言う
0387	**promotion** [prəmóuʃən]	名 昇進、昇格；販売促進；促進 ★promote 動 を昇進させる
0388	**property** [prápərti]	名 所有地、不動産；財産、資産；(通例~s) 特性
0389	**identification** [aidèntifəkéiʃən]	名 身分[身元]を証明できるもの、身分証明書 (略：ID)；(身元の)確認 ★identify 動 を(同一であると)確認する
0390	**requirement** [rikwáiərmənt]	名 (しばしば~s) 必要な物[こと]；資格；要求 (物) ★require 動 を必要とする
0391	**shift** [ʃíft]	名 変化、変換；交替勤務(時間)、シフト、交替 勤務者
0392	**brochure** [brouʃúər]	名 (営業・商品宣伝用の)パンフレット、小冊子
0393	**coworker** [kóuwə̀ːrkər]	名 (職場の)同僚
0394	**membership** [mémbərʃìp]	名 会員の資格；会員数
0395	**response** [rispáns]	名 応答、回答(to; from)；反応、反響 ★in response to 「~に応じて、~に答えて」 respond 動 (~に)答える

CD
 ①20

I submitted my resume to over 50 different companies.

私は 50 社以上の会社に自分の履歴書を送った。

Vehicles have to clear a low ceiling to park in this garage.

車がこの車庫に駐車するためには、低い天井に触れずに通らなければならない。

One appliance I cannot do without is my microwave oven.

なしでは済まされない家庭用具は電子レンジである。

When they did not deliver as promised, I *filed* a complaint.

彼らが約束どおり届けなかったとき、私は苦情を申し立てた。

His promotion to sales director will be announced next month.

彼の販売担当重役への昇進は、来月発表される予定だ。

This property is owned by the federal government.

この土地は連邦政府が所有している。

You cannot open a bank account without any identification.

身分証明書がなければ銀行口座は開けません。

One requirement for the position is fluency in spoken English.

その職位に必要な条件の一つは、英語を流ちょうに話せることです。

I had to work two shifts because my replacement was ill.

交代要員が病気だったので、私は 2 シフト連続で働かなければならなかった。

I picked up some brochures on local tourist attractions.

地元の観光名所のパンフレットをいくつか手に取った。

I share this office with three other coworkers.

私はこの事務所を 3 人の同僚と共有している。

I have a membership at a local gym but almost never go.

私は近所のジムの会員資格を持っているが、ほとんど行っていない。

Our CEO has *made* no response *to* the labor union's proposal.

CEO は労働組合の提案に対して回答していない。

| 0396 | **selection** | 图 選択；精選品、選ばれたもの[人] |
| | [silékʃən] | ★select 動 を選ぶ |

| 0397 | **strategy** | 图 戦略、策略；戦術 |
| | [strǽtədʒi] | ★strategic 形 戦略(上)の |

| 0398 | **corporation** | 图 企業、株式会社；法人 |
| | [kɔ̀ːrpəréiʃən] | ★corporate 形 法人の、企業の |

| 0399 | **improvement** | 图 上達、改善(in; to; on) |
| | [imprúːvmənt] | ★improve 動 を改善[改良]する |

| 0400 | **procedure** | 图 方法、手順，処置(for)；手続き |
| | [prəsíːdʒər] | ★proceed 图 収益 |

| 0401 | **resident** | 图 居住者、住民 |
| | [rézidənt] | ★residential 形 住宅の、居住用の |

| 0402 | **stock** | 图 在庫、在庫品；株、株式 |
| | [stάk] | |

| 0403 | **warehouse** | 图 倉庫 |
| | [wéərhàus] | |

0404	**exhibit**	图 展示品、出品物；展示会、展覧会
	[igzíbit]	動 を展示する；(感情など)を表す
		★exhibition 图 展覧会

0405	**finance**	图 財政；融資；(~s)財源
	[fáinæns]	動 (資金)を調達する；を融資する
		☆名詞用法が非常に多い。
		★financial 形 金銭的な；財政上の

| 0406 | **inspection** | 图 検査、点検；立入検査 |
| | [inspékʃən] | ★inspect 動 を視察する；を調べる |

0407	**signature**	图 署名、サイン
	[sígnətʃər]	★sign 图 標語；合図
		autograph 图 (有名人の)サイン

The cafeteria menu *has* a large selection of items.	その食堂のメニューは幅広い品ぞろえがある。
Declining sales have made us rethink our marketing strategy.	売上高の減少により、われわれはマーケティング戦略の見直しを強いられた。
This corporation has a history of more than 50 years.	この会社には 50 年以上の歴史がある。
He blamed his lack of improvement *on* poor teaching.	彼は自分に進歩がないことを、下手な教え方のせいにした。
Removing a tooth is a difficult dental procedure.	抜歯は難しい歯科的処置である。
Local residents are upset with the plan for the new highway.	地域住民は新しい高速道路の計画に困惑している。
We are running *out of* stock in both sugar and flour.	砂糖と小麦粉両方の在庫がなくなりつつある。
We keep construction materials at our warehouse on Green Street.	われわれは工事の資材を Green 通りの倉庫に保管している。
I saw an exhibit of 19th-century cooking tools at the shopping mall.	私はショッピングモールで 19 世紀の調理器具の展示会を見た。
In many households, the husband earns income while the wife manages the finances.	多くの家庭では、夫が収入を得て、一方、妻は家計を管理する。
All arriving passengers must pass through customs inspection.	到着した乗客は全員、税関検査を受けなくてはならない。
The doctor's signature was almost impossible to read.	その医師の署名は読み取るのがほとんど不可能だった。

0408	applicant [ǽplikənt]	名 応募者、志願者、申し込み者 ★apply 動 応募する
0409	competitor [kəmpétətər]	名 競争相手、競争者 ★compete 動 競争する
0410	growth [gróuθ]	名 成長；発展；増加 ★grow 動 成長する
0411	vendor [véndər]	名 販売業者、供給業者
0412	submit [səbmít]	動 を提出する、を出す(to) ★submission 名 提出(物)
0413	hire [háiər]	動 を雇う；を賃借りする
0414	arrange [əréindʒ]	動 の手はずを整える、を準備する；をきちんと並べる ★arrangement 名 準備；取り決め；配置
0415	distribute [distríbju:t]	動 を配る、を配達する；を共有する ★distribution 名 分配、配布
0416	ensure [inʃúər]	動 を保証する、を確実にする
0417	imply [implái]	動 をそれとなく示す、を暗に意味する(that ...)；を必ず伴う
0418	inspect [inspékt]	動 を視察する；を調べる、を点検する ★inspection 名 検査、点検
0419	assign [əsáin]	動 を割り当てる、(課題など)を出す；を命じる(to do) ★assignment 名 課題
0420	assist [əsíst]	動 を手伝う、を助ける ★assistance 名 助力

CD ①21

The most interesting applicant was a former private detective.	最も興味深い応募者は、以前私立探偵だった。
Our competitor has lower prices, but we offer finer quality.	競合相手は低価格路線だが、当社は高品質を提供する。
Economic growth has been slow for the past decade.	ここ10年間の経済成長は停滞している。
Our company has agreements with several supply vendors.	当社は、いくつかの物品供給業者と契約を結んでいる。
Candidates should submit *applications* before the end of the month.	志願者は月末までに申請書を提出すべきである。
The boss says we can't hire anyone new till next year.	来年まで新しい人を雇うことはできないと上司は言っている。
He arranged his bookshelf in alphabetical order by the author's last names.	彼は著者の姓のアルファベット順で本棚を整理した。
Before serving drinks, the flight attendants distribute hot towels.	客室乗務員は、飲み物を出す前に熱いおしぼりを配る。
To ensure a good seat, it is essential to buy tickets early.	良い席を確保するためには、早めにチケットを買うことが不可欠だ。
His lack of response implies *that* he has no interest in our offer.	彼の反応が悪いのは、私たちの申し出に関心を持っていないことを示している。
I always inspect expiration dates when shopping for food.	私は食品を買う際には必ず消費期限を調べる。
New staff are each assigned a locker in the changing room.	新しいスタッフは、更衣室でそれぞれのロッカーが割り当てられている。
The magician asked for audience members to assist him during his show.	マジシャンは、ショーのあいだに彼を手伝うよう観客に頼んだ。

0421 **manufacture**
[mænjufǽktʃər]
動 を製造する
★manufacturer 名 製造業者、メーカー

0422 **renovate**
[rénəvèit]
動 を改装する、を修理する、をリフォームする
★renovation 名 修理、改装

0423 **specialize**
[spéʃəlàiz]
動 専門に扱う(in)；専攻する(in)
★specialized 形 専門の

0424 **stack**
[stǽk]
動 を積み上げる(up)
名 積み重ね、(書類などの)山

0425 **anticipate**
[æntísəpèit]
動 を予期する、を予想する(that ...; doing)
★anticipation 名 予想；期待

0426 **consult**
[kənsʌ́lt]
動 相談する(with)；の意見を求める；を調べる
★consultation 名 相談；協議

0427 **enclose**
[inklóuz]
動 を同封する(with; in)；を囲む
★enclosure 名 同封(物)

0428 **load**
[lóud]
動 A に B を積む(~ A with B)；A を B に入れる
(~B into A)

0429 **obtain**
[əbtéin]
動 を入手する、を獲得する

0430 **recruit**
[rikrúːt]
動 に新会員[社員]を入れる；を新規に募集する
[入れる]
★recruiter 名 採用担当者

0431 **additional**
[ədíʃənl]
形 追加の、付加的な
★addition 名 追加、付加
additionally 副 加えて

0432 **upcoming**
[ʌ́pkʌ̀miŋ]
形 もうすぐやって来る、今度の

0433 **corporate**
[kɔ́ːrpərət]
形 法人の、企業の
★corporation 名 企業；法人

Our factory manufactures frames for windows and doors.

当工場は窓やドアのフレームを製造しています。

Once we save enough money, we hope to renovate our kitchen.

十分なお金がたまったら台所を改装したい。

Dr. Johnson specializes *in* treating injuries to the lower back.

Johnson 医師は腰の負傷の治療を専門としている。

Firewood for the fireplace is stacked behind the cabin.

暖炉用のまきは小屋の裏に積み重ねてある。

Due to the train delay, we anticipate *that* some participants will arrive late.

列車遅延のため、私たちは数人の出席者たちが遅く着くと予想している。

I plan to consult *with* my eye doctor about getting new glasses.

新しいメガネをつくることについて、行きつけの眼科医に相談するつもりだ。

Please find directions to the wedding hall enclosed *with* this invitation.

この招待状に同封されている結婚式場への行き方をご覧ください。

We loaded the moving van *with* all our possessions.

私たちはその引っ越し用トラックに持ち物すべてを積み込んだ。

Before you can travel abroad, you have to obtain a passport.

海外旅行をする前に、パスポートを取得する必要がある。

Our location makes it difficult to recruit part-time help.

当社の立地のせいで、パートを募集するのが難しい。

We always hire additional staff during our busy season.

当社は繁忙期にはいつも追加の従業員を雇う。

The upcoming election has received intense coverage in the media.

来る選挙はマスコミで盛んに取り上げられている。

Corporate guidelines require that all inspectors be licensed by the government.

法人のガイドラインは、すべての検査官が政府による資格を得ることを義務付けている。

0434	**potential**	形 潜在的な、可能性のある
☐	[pəténʃəl]	名 可能性、潜在力
		☆形容詞用法が多い。

0435	**executive**	形 経営の；幹部の、経営陣の
☐	[igzékjutiv]	名 経営者[陣]、幹部、重役
		★executive officer「経営幹部、役員」

0436	**multiple**	形 多数の、多様な，さまざまな
☐	[mʌltəpl]	

0437	**pharmaceutical**	形 医薬の、調剤の、薬学の
☐	[fàːrməsúːtikəl]	★pharmacy 名 薬局

0438	**currently**	副 現在は；目下
☐	[kə́ːrəntli]	★current 形 現在の、現在起きている

People say the governor is a potential presidential candidate.

その知事は大統領候補になる可能性を秘めていると言われている。

His father is an executive *officer* in a large international corporation.

彼の父親は大手国際企業の役員である。

The skier's left leg was broken in multiple places.

スキー選手の左足はさまざまなところで折れていた。

The disaster area is short of food, water, and pharmaceutical supplies.

被災地では食料、水、医薬品が不足している。

Currently our staff consists of individuals from nine different nations.

現在、われわれのスタッフは異なった9カ国の人たちで構成されている。

頻　出

しっかり押さえたい
頻出単語 424

[0439-0587]　Level 1
[0588-0721]　Level 2
[0722-0862]　Level 3

● Level 1

CD
①22

0439 **bike**
□ [báik]

名 自転車
★motorcycle[motorbike] 名 オートバイ

0440 **practice**
□ [prǽktis]

名 練習；習慣、行為；実際；業務
動 を練習する
★practical 形 実用的な、実際的な

0441 **rest**
□ [rést]

名 残り、残りのもの[部分]；休憩、休止
☆名詞「残り」の例が多い。

0442 **matter**
□ [mǽtər]

名 問題、事柄；事情；物質
★no matter + wh 節[whether/if 節]「…であ
ろうとも」

0443 **clerk**
□ [klə́:rk]

名 受付(係)；事務員；店員

0444 **convenience**
□ [kənví:njəns]

名 便利さ；都合のよい時
★at A's earliest convenience「A の都合が
つき次第」 inconvenience 名 不便さ

0445 **environment**
□ [inváiərənmənt]

名 (自然)環境；状況、事情
★environmental 形 環境の

0446 **nature**
□ [néitʃər]

名 自然；性質
★nature walk「自然遊歩道」

0447 **plenty**
□ [plénti]

名 たくさん、十分(of)
☆plenty of の後は、可算名詞の複数形、ある
いは不可算名詞。

0448 **spot**
□ [spát]

名 場所；斑点；点、箇所
動 を見つける
☆名詞用法が多い。

0449 **power**
□ [páuər]

名 権力；権限；能力；エネルギー、電源
★power tool「電動工具」
power button「電源ボタン」

0450 **electricity**
□ [ilektrísəti]

名 電気、電力
☆数えられない名詞

I go to the station by bike and then take the train.	私は駅まで自転車で行き、そこから電車を利用する。
Before computers were invented, it was *common* practice to write letters by hand.	コンピューターが発明される以前、手書きで手紙を書くのが一般的なやり方だった。
Except for Tom, the rest of the class has done well.	Tom を除いて、クラスの残りの生徒は良い成績を上げた。
This subject matter isn't appropriate for school discussion.	この主題は、学校での討論にはふさわしくない。
There was no clerk on duty when I tried to check out.	チェックアウトしようとしたとき、ホテルの受付は誰も勤務していなかった。
Rent is higher here due to the convenience of living near the station.	駅の近くに住むという利便性のため、ここの家賃は他よりも高い。
The university fosters a healthy environment for academic research.	その大学は、学術的な研究のための健全な環境を育んでいる。
I've seen monkeys in a zoo, but not out in nature.	猿を動物園で見たことがあるが、自然の中では見たことがない。
We have plenty *of* plates, but almost no cups.	お皿は十分にあるが、カップがほとんどない。
Grandpa has a secret fishing spot somewhere near his cabin.	祖父は、自分の小屋の近くのどこかに秘密の釣り場を持っている。
Wind power is becoming popular as an energy source.	風力はエネルギー源として普及が進んでいる。
Residents were without electricity for two hours after the storm.	嵐の後、住民たちには 2 時間も電気が供給されなかった。

0451	**pleasure** [pléʒər]	名 喜び、楽しみ；娯楽 ★pleased 形 喜んで、満足して
0452	**prize** [práiz]	名 賞、賞品、賞金
0453	**round** [ráund]	名 (a 〜 of) 一斉に起こる〜、盛大な〜；〜回目の… 前 (主に英:《米》around)〜の周りを回って
0454	**deal** [dí:l]	名 取引、契約(with)；政策；かなり(の量) 動 (dealt; dealt)処理する(with) ☆名詞用法が非常に多い。
0455	**trade** [tréid]	名 貿易；売買、取引；職業、仕事
0456	**accountant** [əkáuntənt]	名 (公認)会計士、会計係 ★account 名 説明；請求書
0457	**anniversary** [ænəvə́:rsəri]	名 記念日、〜周年
0458	**broadcast** [brɔ́:dkæst]	名 放送、番組 動 (broadcast; broadcast)を放送する；放送する
0459	**degree** [digrí:]	名 度；学位；等級；程度
0460	**education** [èdʒukéiʃən]	名 教育 ★educate 動 を教育する educational 形 教育的な
0461	**government** [gʌ́vər(n)mənt]	名 政府、政権；政治 ★city government「市役所」
0462	**source** [sɔ́:rs]	名 源、元(of; for)、原因；情報源、資料

It will be my pleasure to write you a letter of recommendation.

喜んであなたの推薦状を書きましょう。

My mom *won* first prize in a local baking contest.

私の母は地元の焼き菓子コンテストで1等賞を取った。

The wedding guests gave the bride and groom *a* round *of* cheers.

結婚式の招待客は、新郎新婦を一斉に祝福した。

Free agents can reach a deal *with* any team they wish.

自由契約選手は、希望するどのチームとでも契約を結ぶことができる。

Trade between the two countries has improved over the years.

2カ国間の貿易は年を追って改善してきた。

I hired a *tax* accountant to help file my forms for next year.

私は来年の書類を提出するのを手伝ってもらうために、税理士を雇った。

Next week is my grandparents' 60th *wedding* anniversary.

来週は私の祖父母の60回目の結婚記念日だ。

The broadcast was interrupted by technical difficulty with the sound equipment.

音響機器の技術的な問題のために、放送は一時中断された。

My wife's degree is in Computer Science, but mine is in Philosophy.

妻の学位はコンピューターサイエンスだが、私の学位は哲学だ。

It's impossible to become a lawyer without a college education.

大学で教育を受けないで弁護士になるのは不可能だ。

According to a government report, the employment rate is falling.

政府の報告書によると、就職率は下がっている。

Returns from stock investments provide my largest source *of* income.

株式投資の利益が私の最大の収入源になっている。

0463	**summary** [sʌ́məri]	名 要約、概要 ★summarize 動 を要約する

0464	**task** [tǽːsk]	名 作業、仕事 ★task force 「特別作業部会」

0465	**term** [tə́ːrm]	名 学期；任期、期間；専門用語；(~s)(契約などの)条件；(~s)間柄 ☆多様な意味で出題される。

0466	**balance** [bǽləns]	名 バランス、釣り合い；(預金などの)残高

0467	**comfort** [kʌ́mfərt]	名 快適さ；安心感；なぐさめとなるもの[人] ★take comfort 「安心する，慰めを見い出す」 comfortable 形 心地よく思う

0468	**fare** [féər]	名 (乗り物の)料金；(レストランの)料理

0469	**instrument** [ínstrəmənt]	名 楽器；道具、器具 ★musical instrument 「楽器」

0470	**method** [méθəd]	名 方法、方式(of; for)

0471	**neighborhood** [néibərhùd]	名 近所、地域；近所の人々 ★neighbor 名 隣人、近所の人

0472	**pharmacy** [fɑ́ːrməsi]	名 薬局；調剤 ★pharmaceutical 形 医薬の、調剤の

0473	**regulation** [règjuléiʃən]	名 (通例~s) 規則；規制 ★regular 形 規則的な；定期的な

0474	**surface** [sə́ːrfəs]	名 表面；(the ~) 外見

0475	**cashier** [kæʃíər]	名 レジ係；(銀行の)現金出納係

He didn't have time for the full report and asked for a summary.	彼は詳細な報告を聞く時間がないので、要約を求めた。
Mom says that doing the wash is her least favorite task.	お母さんは皿洗いが一番嫌いな仕事だと言っている。
Until his recent defeat, he had served six terms in office.	最近敗れるまで、彼は6期要職を務めた。
My bank balance is pretty low at the moment.	現在、私の銀行預金残高はかなり低い。
I *take* comfort in the support of my family and friends.	私は家族や友人に支えられて心が安らぐ。
He didn't have any money, so I paid his train fare.	彼はお金を全く持っていなかったので、私が彼の電車賃を払った。
The flute is one of the world's oldest *musical* instruments.	フルートは世界中で最も古い楽器の一つだ。
The best method *for* treating influenza is to get plentiful rest.	インフルエンザを治療する最良の方法は、十分な休養をとることだ。
I wish I had a grocery store in my neighborhood.	近所に食料品店があればいいのだが。
The pharmacy stays open 24 hours a day.	この薬局は24時間営業している。
Safety regulations require all baggage to be placed overhead or under the seat.	安全規則では、すべての手荷物を頭上か座席の下にしまうことを義務付けている。
The surface of the water is as shiny as a mirror.	水の表面は鏡のように輝いている。
The cashier entered my purchase twice by mistake.	レジ係は、私が買ったものを誤って2度入力した。

0476	**destination** [dèstənéiʃən]	名 目的地、行き先；目標、目的
0477	**diet** [dáiət]	名 食事；食習慣；食餌療法、ダイエット
0478	**effect** [ifékt]	名 影響；効果；(原因に対する)結果；実施 ★effective 形 効果的な
0479	**graduation** [græ̀dʒuéiʃən]	名 卒業 ★graduate 動 (を)卒業する
0480	**guard** [gɑ́:rd]	名 警備員；監視、警戒
0481	**hallway** [hɔ́:lwèi]	名 (建物の)廊下、通路；玄関ホール
0482	**handout** [hǽndàut]	名 (会議などで配る)配布資料、プリント；試供品
0483	**height** [háit]	名 身長、高さ；高度；頂点、盛り
0484	**labor** [léibər]	名 (肉体的な)労働；(集合的に)労働者 ☆これらの意味では数えられない名詞。個々の「労働者」は laborer
0485	**neighbor** [néibər]	名 隣人、近所の人 ★neighborhood 名 近所、地域
0486	**pattern** [pǽtərn]	名 様式、決まったやり方；模様
0487	**priority** [praió:rəti]	名 優先(事項)；優先(権) ★prior 形 (時間・順序が)前の
0488	**shade** [ʃéid]	名 (日)陰、木陰；(窓の)ブラインド

CD
①24

This island was a top tourist destination until last year.	この島は、昨年まで最も人気のある観光目的地だった。
A diet of sweets and soft drinks will soon make you fat.	甘いものやソフトドリンクの食習慣によって、まもなく太ってくるだろう。
The new law will *go into* effect at the stroke of midnight.	新しい法律は午前0時ぴったりに施行される。
My first job *after* graduation was with an insurance firm.	卒業後の私の最初の就職先は、保険会社だった。
We placed a *security* guard at the entrance but have never had any troubles.	われわれは玄関に警備員を配置したが、これまでトラブルが起きたことは全くない。
I waited on a bench in the hallway.	私は廊下のベンチで待った。
The teacher did not have enough handouts for everyone in class.	先生は、クラス全員分のプリントを持っていなかった。
At the height of his wealth, his assets topped 10 billion dollars.	富が絶頂期だったとき、彼の資産は100億ドルを超えていた。
Management and labor have different views in regard to overtime compensation.	経営者と労働者は、残業手当に関して異なった見解を持っている。
My neighbor left a sack of oranges at my door.	隣人は、わが家の玄関にオレンジを1袋置いていった。
His speech patterns show that he is originally from the south.	彼の話し方から、彼は元々南部の出身だとわかる。
Your *top* priority should be regaining your health.	あなたの最優先事項は、健康を取り戻すことだ。
We sat in the shade to avoid the sunlight.	私たちは日光を避けるために日陰に座った。

0489 **volume**
[vάlju:m]
名 量；容積；音量；大量(of)；(2 冊以上から成る本の) 1 巻
★a volume of 「大量の～」

0490 **achievement**
[ətʃí:vmənt]
名 達成、成就；業績(in)
★achieve 動 を成し遂げる

0491 **decoration**
[dèkəréiʃən]
名 飾り、装飾品
★decorate 動 を飾る

0492 **departure**
[dipά:rtʃər]
名 出発、発車
★depart 動 出発する

0493 **drawing**
[drɔ́:iŋ]
名 (えんぴつ・ペンなどで描いた)絵、デッサン；絵を描くこと
★painting 名 (絵具で描いた)絵画

0494 **judge**
[dʒʌ́dʒ]
名 審査員、審判；判事
動 を判断する；を審査する
☆名詞用法が非常に多い。

0495 **receptionist**
[risépʃənist]
名 (ホテル・会社などの)受付係、フロント
★reception 名 招宴、歓迎会

0496 **relationship**
[riléiʃənʃip]
名 関係、間柄(between; with)
★relate 動 を関係させる
relation 名 関係、関連

0497 **wheel**
[(h)wí:l]
名 車輪、(回転する)車状のもの

0498 **match**
[mǽtʃ]
動 に調和する；と一致する；(2 つのものが)調和する

0499 **borrow**
[bάrou]
動 を借りる

0500 **compare**
[kəmpéər]
動 A を B と比較する(～ A with B；～ A to B)；A を B にたとえる(～ A with B；～ A to B)；比較される(with; to)
★comparable 形 同等の、匹敵する

The station has received a *large* volume of calls protesting the recent broadcast.　その放送局は、最近の放送内容に関する大量の抗議電話を受けた。

The professor has won several awards for achievements *in* cellular research.　その教授は、細胞の研究における功績でいくつかの賞を受賞した。

That store is already adorned with holiday decorations.　あの店はすでに年末年始の飾りが付けられている。

The flight is scheduled for departure at 1:00 p.m.　この飛行機の便は午後 1 時に出発予定だ。

For Father's Day, my daughter gave me a drawing of our family.　父の日のために、娘は私に家族の絵をプレゼントした。

I was asked to be a judge at the beauty contest, but declined.　美人コンテストの審査員を頼まれたが、断った。

Our office receptionist is fluent in three languages.　わが社の受付係は 3 カ国語に堪能だ。

Doctors have long noted the relationship *between* smoking and cancer.　医師たちは、喫煙とがんの関係を長年指摘している。

The collision bent the front wheel of my bicycle.　衝突によって、私の自転車の前輪が曲がった。

His explanation does not match the *facts* of the case.　彼の説明は、この事件の事実と一致しない。

I borrowed an eraser from the student next to me.　私は隣にいた生徒に消しゴムを借りた。

I always compare prices when shopping for household appliances.　家電製品を購入するときはいつも価格を比較する。

0501	**cause** [kɔ́:z]	動 を引き起こす、の原因となる；(人)に～させる(to *do*) 名 原因、理由
0502 CD ②01	**wonder** [wʌ́ndər]	動 …していただけないでしょうか(if ...; whether ...)；…かしらと思う(wh 節)
0503	**discover** [diskʌ́vər]	動 を発見する；…ということを知る(that ...) ★discovery 名 発見
0504	**earn** [ɔ́:rn]	動 を稼ぐ、をもうける；を獲得する ★earnings 名 所得、収入
0505	**greet** [grí:t]	動 にあいさつする；を出迎える ★greeting 名 あいさつのことば[手紙]
0506	**gather** [gǽðər]	動 を集める；集まる
0507	**separate** 動 [sépərèit] 形 [sépərət]	動 を隔てる；を区分する；を選別する 形 離れた；別々の
0508	**found** [fáund]	動 を設立する；の基礎を築く ★foundation 名 基礎 founder 名 創立者
0509	**depend** [dipénd]	動 ～次第である、に頼る、に依存する(on[upon]) ★dependable 形 信頼できる independent 形 独立した
0510	**fold** [fóuld]	動 を折りたたむ(up)；(腕)を組む；を(両腕に)抱く、を巻きつける
0511	**praise** [préiz]	動 を賞賛する、をほめる(for; as) 名 賞賛(のことば)
0512	**rise** [ráiz]	動 (rose; risen) 上がる、昇る；増える；出世する；感情が高まる 名 増加；賃上げ；昇進 ☆動詞用法が多い。

The storm caused floods and landslides throughout the country.

その嵐は全国で洪水と地滑りを引き起こした。

I wonder *how* long the movie will last.

この映画はどのくらいの長さなのだろうか。

The town was born when gold was discovered by the river.

この町は、川沿いで金が発見されたときに生まれた。

If I can't earn more *money*, I'll have to move to a cheaper place.

もっとお金を稼げなければ、より安い場所に引っ越さなければならない。

Here it is common to greet *people* with a kiss on the cheek.

ここでは、ほおにキスをして人にあいさつするのは一般的だ。

Someone needs to gather wood for our campfire.

誰かがキャンプファイヤー用のまきを集めないといけない。

At the orchard, we always separate apples according to size.

果樹園では、私たちはいつも大きさによってリンゴを選別している。

This institute was founded by wealthy individuals interested in industrial safety.

この協会は、労働安全に関心を持つ裕福な人々によって設立された。

The size of the harvest depends *on* the amount of rainfall.

収穫量は、降水量に左右される。

I am not so skillful at folding an omelet.

私はオムレツを上手に巻くことができない。

The coach praised me *for* my unselfish play.

コーチは、私の利己的でないプレーをほめてくれた。

His temper rises quickly whenever he gets frustrated.

彼はイライラすると、すぐに感情が高まる。

0513 **avoid**
[əvɔ́id]
動 を避ける(*doing*)、を回避する

0514 **decrease**
動 [dikríːs]
名 [díːkriːs]
動 を減らす；減少する
名 減少、低下；縮小
☆アクセント注意。動詞の用例が多い。

0515 **hang**
[hǽŋ]
動 (hung; hung) を掛ける、をつるす(on; over)；ぶら下がる(on; from)

0516 **retire**
[ritáiər]
動 退職[引退]する(from)
★retirement 名 退職

0517 **achieve**
[ətʃíːv]
動 を成し遂げる、を達成する
★achievement 名 達成、成就；業績

0518 **claim**
[kléim]
動 …だと主張する(that ...)；の所有権を主張する；を得る
名 請求権；請求金；要求
★baggage claim area 「(空港の)手荷物受取所」

0519 **connect**
[kənékt]
動 (を)接続する、(を)つなぐ(to; with)
★connection 名 結合；乗り継ぎ；関係

0520 **gain**
[géin]
動 を獲得する、を増す；(利益)を得る；(体重)が増える
名 利益；獲得；増加
☆動詞用法が非常に多い。

0521 **realize**
[ríːəlàiz]
動 …だとに気付く、を認識する(that ...)；を実現する
★realization 名 理解、認識

0522 **used to**
《子音の前》[júːs(t)tə]
《母音の前》[júːs(t)tu]
助 (used to *do*) よく〜した、〜するのが常だった；以前は〜だった

0523 **complain**
[kəmpléin]
動 不平[苦情]を言う(about)；(不調など)を訴える(of)；…と不平[不満]を言う(that ...)
★complaint 名 苦情、不平

CD
②02

My father tries to avoid eat*ing* salty foods.	私の父は塩辛い食べ物を避けるようにしている。
If you can decrease calories while increasing exercise, you will lose weight.	運動量を増やしながら、カロリーを減らすことができれば、体重は減る。
His laundry was hung *on* a pole on his balcony.	彼の洗濯物は、ベランダの物干しざおにつるされていた。
He told me that he has no plans to retire.	彼は退職するつもりはないと私に話した。
You will never achieve your *dreams* unless you practice more.	もっと練習しない限り、絶対に夢をかなえることはできないだろう。
She claims *that* she lost 10 pounds in one week.	彼女は1週間で10ポンド減量したと主張している。
I haven't been able to connect *to* the Internet all morning.	午前中ずっとインターネットに接続することができない。
You have to gain a dog's trust before you can train it.	あなたは犬を訓練する前に犬の信頼を得る必要がある。
I didn't realize he was absent until I collected the homework.	宿題を回収するまで、彼が欠席していることに気付かなかった。
I used to walk to work but now I go by bicycle.	以前はよく徒歩で通勤していたが、今は自転車で通っている。
People always complain *about* the weather, but it doesn't do any good.	人はいつも天気について文句を言うが、どうにかなるものではない。

0524	**decorate** [dékərèit]	動 を飾る(with; in) ★decoration 名 飾り、装飾品
0525	**inspire** [inspáiər]	動 を刺激して〜させる(to *do*)、を触発する； を生じさせる
0526	**pack** [pǽk]	動 (かばんなどにもの)を詰める、を入れる；を 包む
0527	**push** [púʃ]	動 を押す、を押し戻す(back)
0528	**reply** [riplái]	動 返事をする(to)；答える、応じる(to; with)；…と答える(that ...)
0529	**shut** [ʃʌt]	動 (shut; shut) を閉める；を止める(off)；を 閉じ込める(in)；閉まる、閉じる ★shut down「休業する；停止する」
0530	**chat** [tʃǽt]	動 おしゃべりする、雑談する(to; about; with) 名 おしゃべり；《インターネット》チャット
0531	**lack** [lǽk]	動 を欠いている 名 欠乏、欠如、不足 ☆受動態、進行形にしない。
0532	**occur** [əkə́:r]	動 (考えなどが)浮かぶ、思いつく；(出来事が) 起こる
0533	**protect** [prətékt]	動 *A* を *B* から守る(〜 *A* from *B*)；を保護する ★protection 名 保護；保障
0534	**succeed** [səksí:d]	動 成功する，うまく〜する(in)；継承する(to) ★success 名 成功
0535	**treat** [trí:t]	動 を扱う；を治療する 名 ごちそう、楽しみ、うれしいこと ☆動詞用法が多い。 ★treatment 名 治療；取扱い

She decorated her kitchen *with* photos of her grandchildren.	彼女は孫たちの写真でキッチンを飾った。
My junior high English teacher inspired me *to* be a writer.	中学校の英語の先生に触発されて、私は作家になりたいと思うようになった。
I packed my bag, but put in the wrong textbook.	バッグに入れたのだが、間違った教科書を入れてしまった。
I was pushed from behind by another passenger boarding the train.	私は電車に乗ってきた別の乗客に後ろから押された。
Anyone wishing to join the dinner should reply *to* this mail by 5 p.m.	夕食会に参加したい人は、午後5時までにこのメールに返信してください。
Before you repair the sink, be sure to shut *off* the water supply.	流し台を修理する前に、必ず水道の元栓を止めるように。
She and I often chat *about* our high school days.	私と彼女は、高校時代のことについてよくおしゃべりする。
I lack the patience to be a good cook.	私は良い料理人になるための辛抱強さに欠けている。
Misunderstandings typically occur due to unclear or infrequent communication.	誤解というのは一般的にあいまいな、あるいは、ほとんどないコミュニケーションによって生じる。
We placed the birdhouse high to protect the birds *from* cats.	私たちは鳥を猫から守るために、巣箱を高い位置に設置した。
She succeeded *in* passing the exam for law school.	彼女は法科大学院の試験に首尾よく合格した。
Last summer, our hospital treated 50 people for heatstroke.	昨年の夏、当病院は熱中症の人を50人治療した。

0536	**master** [mǽstər]	動 を習得する、を身に付ける
		形 中心の、主要な；優れた
		☆動詞方法が非常に多い。

| 0537 | **pull** [púl] | 動 を引く、を引っぱる；を取り出す；を引き抜く |

| 0538 | **industrial** [indʌ́striəl] | 形 工業の、産業の |

| 0539 | **afraid** [əfréid] | 形 残念ながら…と思いますが(I'm afraid ...)；怖い、恐れて、心配して(of; that ...) |
| | | ☆I'm afraid: 自分や相手にとって良くないことを伝えるときに付けて雰囲気を和らげる働きをする。 |

| 0540 | **poor** [púər] | 形 貧しい；劣った；下手な；《口》かわいそうな |

| 0541 | **square** [skwéər] | 形 正方形の；〜四方の；誠実な |
| | | 名 広場；正方形 |

| 0542 | **traditional** [trədíʃənl] | 形 伝統的な、伝統の |
| | | ★tradition 名 伝統、しきたり |

0543	**medium** [míːdiəm]	形 中くらいの、M サイズの、(焼き加減)ミディアムの
		名 M サイズのもの；媒体
		☆複数形は media だが、「マスメディア、マスコミ」の意味でよく使われる。

0544	**custom** [kʌ́stəm]	形 注文で作った、あつらえの
		名 慣習；習慣；(〜s)税関
		★customize 動 を(自分の好みに)作りかえる

| 0545 | **common** [kámən] | 形 普通の；一般的な；共通の |

| 0546 | **confusing** [kənfjúːziŋ] | 形 (人を)混乱させる、わかりにくい |
| | | ★confused 形 (人が)混乱した(about; by) |

CD ②03

Once I master French cooking, I plan to open my own restaurant.

フランス料理を極めたら、自分のレストランを開くつもりだ。

He pulled the door just as she pushed, and so she fell.

彼がドアを引いた瞬間に彼女がドアを押したので、彼女は転んだ。

We live next to an industrial zone, but there is very little pollution.

私たちは工業地区の隣に住んでいるが、ほとんど公害はない。

I'm afraid I can't give you credit for the class, due to absences.

残念だが君は欠席が多いのでこの講義の単位を与えることはできない。

I prefer larger print because of my poor eyesight.

私は視力が悪いので、大きな活字を好みます。

The forest fire destroyed an area of 10 square *miles*.

山火事によって10平方マイルの面積が焼失した。

The traditional role of housewife and mother has changed.

主婦と母親の伝統的な役割は変化した。

The boxer was of medium height and weight.

そのボクサーは中くらいの身長と体重だった。

You can order custom T-shirts at the shop around the corner.

角を曲がったところの店では、特注のTシャツを注文することができる。

Obesity is a common *cause* of heart disease.

肥満は、心臓病のよくある原因である。

I found the plot of the movie confusing.

この映画の話の筋はわかりにくいと思った。

99

0547 **comfortable**
[kʌ́mfərtəbl]
形 心地よく思う(with);快適な
★comfort 图 快適さ;安心感

0548 **live**
[láiv]
形 生きている;生の
☆発音注意

0549 **major**
[méidʒər]
形 主要な、重大な;大きい[多い]ほうの
☆反意語は minor「小さいほうの」

0550 **positive**
[pázətiv]
形 良い;肯定的な;積極的な;プラスの
☆反意語は negative「有害な;否定の」

0551 **whole**
[hóul]
形 全体の、全部の、…中

0552 **willing**
[wíliŋ]
形 (be ~)~する意志がある、進んで~する(to do);自発的な

0553 **aware**
[əwéər]
形 (be ~)~に気付いて、を知って(of)

0554 **worth**
[wə́ːrθ]
形 の価値がある; ~する価値がある(~ doing)
图 (A's ~ of B) A(金額・期間)相当の B
★worthy 形 価値のある

0555 **contemporary**
[kəntémpərèri]
形 現代の;同時代の

0556 **delighted**
[diláitid]
形 (be ~)大いに喜んで(with; by; at)、~してうれしい、喜んで~する(to do; that ...)

0557 **environmental**
[invàiərənméntl]
形 環境の;環境保護の
★environment 图 (自然)環境

0558 **particular**
[pərtíkjulər]
形 特にこの、特定の、特別な
★in particular「とりわけ」
particularly 副 とりわけ

0559 **satisfied**
[sǽtisfàid]
形 (be ~)満足して(with; by; to do)
★satisfaction 图 満足

Before traveling, be sure to buy comfortable walking shoes.	旅行の前に、必ず快適なウォーキングシューズを買っておきなさい。
Live performances can be disappointing if you are sitting far from the stage.	ステージから遠くに座ると、ライブ演奏は期待外れになることがある。
The king's castle is a major tourist destination.	王の城は主要な観光地となっている。
He always has a positive *attitude*, no matter what happens.	どのようなことがあっても、彼はいつも前向きな姿勢でいる。
The whole school was amused by the principal's new hairstyle.	校長先生の新しい髪型に、学校全体が面白がった。
He *is* always willing *to* put in the effort needed to succeed.	彼は成功するために常に進んで必要な努力をしている。
No one at the office *was* aware *of* his health problem.	彼の健康問題について職場の誰も気付かなかった。
The meal wasn't worth all the *money* we paid for it.	この食事は、私たちが払った金額ほどの価値はなかった。
I don't like the lyrics of many contemporary songs.	現代的な曲の多くの歌詞は好きではない。
The child *was* delighted *with* her birthday gifts.	その子供は誕生日のプレゼントをもらってとても喜んだ。
Global warming could produce great environmental change in the near future.	地球温暖化は、近い将来大きな環境の変化を引き起こす可能性がある。
The books were aligned in no particular order.	それらの本は、特別な順序なしに並んでいた。
I *am* not satisfied *with* the repair work on my car.	私は車にほどこされた修理に満足していない。

| 0560 | **flat** | 形 平らな；固定の；パンクした |
| | [flǽt] | 名 アパート、マンション |

| 0561 | **generous** | 形 寛大な、気前のよい；たくさんの、大きい |
| | [dʒénərəs] | |

| 0562 | **proud** | 形 誇りに思う(of; to *do*; that ...) |
| | [práud] | ★pride 動 を誇りにする |

| 0563 | **reasonable** | 形 手頃な、ほどよい；道理に合った、合理的な |
| | [ríːzənəbl] | ★reasonably 副 適度に |

| 0564 | **ancient** | 形 古代の；昔からの |
| | [éinʃənt] | |

| 0565 | **crowded** | 形 混雑した、満員の(with) |
| | [kráudid] | ★crowd 名 群衆；大勢 |

| 0566 | **empty** | 形 からの、空いている |
| | [émpti] | |

②04

| 0567 | **fellow** | 形 同僚の、仲間の、同行の |
| | [félou] | 名 男、やつ |

| 0568 | **rich** | 形 裕福な；豊富な、豊かな；富んで(in) |
| | [rítʃ] | |

0569	**valuable**	形 高価な；役に立つ
	[vǽljuəbl]	名 (～s) 貴重品
		☆形容詞・名詞共に多い。

| 0570 | **easily** | 副 容易に、楽に；(最上級を強めて)明らかに、 |
| | [íːzili] | 　確かに |

| 0571 | **especially** | 副 特に、とりわけ |
| | [ispéʃəli] | |

| 0572 | **carefully** | 副 注意深く；注意して |
| | [kéərfəli] | ★care 名 世話；注意 |

The local buildings were made of stone and had flat roofs.	この地域の建物は石造りで、屋根は平らだった。
Our company made a generous donation to the city festival.	私たちの会社は、市のお祭りに多額の寄付をした。
My father is not well-educated, but I'm proud *of* him.	父は十分な教育を受けていないが、私は彼を誇りに思っている。
I waited for a reasonable *amount* of time, but no one showed up.	私はまあまあの時間待ったが、誰も来なかった。
The explorers discovered ancient ruins deep in the jungle.	探検家たちはジャングルの奥深くに古代の遺跡を発見した。
The train was so crowded I couldn't find a seat.	電車があまりに混んでいたので、席に座ることができなかった。
The old marketplace is now filled with empty buildings.	古いマーケットは、今は空いているビルばかりになっている。
None of my fellow passengers noticed the money on the floor.	同乗客は誰も床に落ちているお金に気付かなかった。
The school library is a rich source of information on various subjects.	学校の図書館は、さまざまな分野の豊富な情報源だ。
The museum announced that several valuable paintings were damaged in the fire.	火事によって貴重な絵画数点が被害にあった、と美術館は発表した。
At 205 centimeters, Bob was easily the tallest boy in school.	身長205センチのボブは、明らかに学校で一番背の高い男子だった。
I was especially pleased to see that the cost estimate wasn't high.	費用の見積もりが高くなかったことがわかって特にうれしかった。
I carefully checked my entire house but still couldn't find my keys.	家の中すべてを入念に調べたが、それでも鍵を見つけられなかった。

0573	**originally**	副 元々は、最初は
☐	[ərídʒənəli]	★original 形 元々の、最初の

0574	**exactly**	副 ちょうど、正確に；《口》(同意を示して)そのとおり
☐	[igzǽktli]	★exact 形 まさにその、正確な

0575	**properly**	副 適切に、きちんと
☐	[prápərli]	★proper 形 適切な

0576	**completely**	副 完全に、全く、すっかり
☐	[kəmplí:tli]	★complete 動 を完成させる 形 完全な

0577	**definitely**	副 確かに、はっきりと；本当に(〜である)、絶対に(〜ない)
☐	[défənitli]	★definite 形 明確な

0578	**generally**	副 たいてい；一般的に；おおむね
☐	[dʒénərəli]	★general 形 全体的な

0579	**moreover**	副 さらに、その上
☐	[mɔ:róuvər]	

0580	**therefore**	副 それゆえに、したがって
☐	[ðéərfɔ̀:r]	

0581	**besides**	前 〜を除いては；〜に加えて、〜のほかに
☐	[bisáidz]	☆beside は「〜のそばに」という意味の前置詞。

0582	**environmentally**	副 環境保護の面から
☐	[invàiərəméntli]	★environment 名 (自然)環境 environmental 形 環境の

0583	**lately**	副 最近、この頃
☐	[léitli]	☆現在完了形で使用されることが多い。

0584	**meanwhile**	副 その一方で、その間に
☐	[mí:n(h)wàil]	

She originally planned to major in French but changed to Art History.	彼女は元々フランス語を専攻する予定だったが、美術史に変更した。
My alarm clock rang at exactly 5:00 a.m.	私の目覚まし時計は午前5時ちょうどに鳴った。
I've seen him in the office, but we've never been properly introduced.	彼を職場で見かけたことはあるが、お互いきちんと自己紹介したことがない。
The judge found him completely innocent of all wrongdoing.	裁判官は、彼のすべての不正行為について完全に無罪という判決を下した。
My wife and I definitely hope to visit here again.	私と妻は、必ずもう一度ここを訪れたいと思っている。
Our products are generally aimed at teens and young adults.	私たちの商品は、通常はティーンエイジャーやヤングアダルトを狙っている。
The novel was long and, moreover, difficult to understand.	その小説は長く、その上、理解するのが難しかった。
She returned home later than promised and therefore her father got angry.	彼女は約束していた時間よりも遅く帰宅し、それで、父親が怒った。
Besides the supermarket, I stopped at the bookstore and flower shop.	スーパーマーケットのほかに、本屋と花屋に立ち寄った。
Plastic products are not considered environmentally friendly.	プラスチック製品は環境的にやさしくないと見なされている。
Lately, I haven't been able to concentrate on my work.	この頃、仕事に集中できないでいる。
I dropped by his house, but he, meanwhile, had left to visit me.	彼の家に立ち寄ったが、彼の方はそのとき、私を訪ねるために家を出ていた。

0585 **rarely**
☐ [réərli]

副 めったに〜しない
☆否定の意味を表す。

0586 **simply**
☐ [símpli]

副 単純に；わかりやすく；単に

0587 **truly**
☐ [trú:li]

副 本当に、まさに；心から

He is rarely late for work, so I'm worried.

彼が仕事に遅れることはめったにないので心配だ。

Balancing my budget was simply a matter of spending less.

収支を合わせるには、単に支出を減らせばいいだけのことだった。

I am truly happy that you decided to remain with our company.

あなたがこの会社に残ってくれると決めてくれて、心からうれしい。

● Level 2

0588 **draft**
□ [drǽft]
名 下書き、原稿
動 の下書きを書く、を起草する
☆名詞用法が多い。

0589 **duty**
□ [djú:ti]
名 義務；職務；税
★on duty「勤務中で；当直で」

0590 **license**
□ [láisəns]
名 免許(証)、許可、認可
動 を認可する
☆名詞用法が多い。

0591 **proceed**
□ 名 [próusi:d]
動 [prəsí:d]
名 収益、売り上げ
動 続ける(with)；取りかかる(to)；進む
☆アクセント注意
★procedure 名 方法、手順

0592 **region**
□ [rí:dʒən]
名 地域、地方、領域
★regional 形 地域の

0593 **trend**
□ [trénd]
名 流行(of; in; for)；傾向；方向

0594 **attachment**
□ [ətǽtʃmənt]
名 取り付け；《コ》添付ファイル
★attach 動 を取り付ける

0595 **beverage**
□ [bévəridʒ]
名 (水・薬以外の)飲み物、飲料

0596 **device**
□ [diváis]
名 装置、道具；工夫、計画

0597 **donation**
□ [dounéiʃən]
名 寄付(金)；(臓器の)提供
★donate 動 を寄付する、を提供する

0598 **range**
□ [réindʒ]
名 範囲；射程；連なり

0599 **analysis**
□ [ənǽləsis]
名 (analyses) 分析、解析
★analyze 動 を分析する

The committee reviewed a first draft of the proposal.	委員会はこの提案書の第 1 稿を検討した。
Her chief duty was to check on patients during the night.	彼女の主な職務は、夜間に患者の様子を確認することだった。
My driver's license is set to expire on my birthday.	私の運転免許証は、私の誕生日に失効する。
The entire proceeds from this year's bazaar will go to charity.	今年のバザーの全収益は慈善事業に寄付される。

This is the third consecutive year that floods have hit this region.	洪水がこの地域を襲ったのは 3 年連続だ。
Susan knows all the latest trends *in* fashion.	Susan はファッションの最新の流行をすべて知っている。
I sent him mail but I forgot to add the attachment.	私は彼にメールを送ったが、添付ファイルを追加するのを忘れた。
They had so many beverages that I didn't know what to choose.	飲み物の種類があまりにたくさんあったため、何を選べばいいかわからなかった。
This device can track both your heart rate and blood pressure.	この機器は心拍数と血圧を同時に監視できる。
My office is asking for donations to help earthquake victims.	私のオフィスでは、地震の被災者を助けるための寄付金を募っている。
These games appeal to children of a limited age range.	これらのゲームは、特定の年齢層の子供たちに人気がある。
Before investing, I would like a deeper analysis of the company's prospects.	投資する前に、会社の将来性に関するより深い分析がほしい。

0600	**envelope** [énvəlòup]	名 封筒
0601	**length** [léŋθ]	名 (寸法の)長さ、縦；(時間の)長さ ☆「幅」は width、「高さ」は height
0602	**participation** [pɑ:rtìsəpéiʃən]	名 参加、関与(in) ★participate 動 参加する
0603	**progress** [prágrəs]	名 進歩；進行、進展 ★in progress「進行中で」
0604	**revenue** [révənjù:]	名 収入；収益；歳入 ★expenditure 名 歳出
0605	**role** [róul]	名 (演劇などの)役；役割、役目
0606	**status** [stéitəs]	名 状況、状態；地位；社会的信用
0607	**architecture** [á:rkətèktʃər]	名 建築；建築様式；構造；建築物 ★architect 名 建築家、建築士
0608	**crowd** [kráud]	名 群衆；大勢(of) 動 群がる；を詰め込む ★crowded 形 混雑した、満員の
0609	**demand** [dimǽnd]	名 需要；要求(for; to do)；要求されるもの 動 を要求する
0610	**distance** [dístəns]	名 距離、隔たり；遠方 ★within walking distance of「～歩いて行ける距離に」
0611	**fundraising** [fʌndrèiziŋ]	名 資金調達、募金活動

CD ②06

I placed my resignation letter in an envelope and left it on his desk.

私は辞表を封筒に入れ、彼の机の上に置いてきた。

The length of his first novel was only 20,000 words.

彼の最初の小説の長さは、たったの2万語だった。

She always attends, but her participation *in* class discussion is limited.

彼女はいつも出席しているが、クラス討論への参加は少ない。

The builders haven't *made* much progress due to all the rain.

ずっと雨が降っていたので、建築業者の作業はあまり進んでいない。

City revenue comes mostly from local property tax.

市は、歳入のほとんどを地域の固定資産税から得ている。

I auditioned for the lead role in the spring play.

私は春の演劇の主役オーディションを受けた。

You can follow the shipping status of your order online.

お客様の注文の発送状況はオンラインで確認することができます。

The city architecture is known for its combination of styles.

この市の建築は、いくつかの様式が組み合わさっていることで有名だ。

The crowd cheered the team for many minutes after the game.

試合終了後、群衆は何分間もチームに歓声を送り続けた。

He is a good player, but his salary demands are unreasonable.

彼は良い選手だが、彼が要求する年俸は法外だ。

As a boy, I lived *within walking* distance *of* the city pool.

子ども時代、市営プールに歩いて行ける距離に住んでいた。

Political candidates have to be good at fundraising.

政治家の候補者たちは、資金調達が得意でなければならない。

0612	**relation** [riléiʃən]	图 関係、関連；親戚 ★public relations「広報活動」 relate 動 を関係させる relationship 图 関係、間柄
0613	**scale** [skéil]	图 規模；段階、基準；縮尺(の) ★on a scale of 1 to 5「5 点満点で」
0614	**structure** [stráktʃər]	图 構造、構成；建築物 ★infrastructure 图 社会基盤
0615	**ceiling** [síːliŋ]	图 天井
0616	**conservation** [kànsərvéiʃən]	图 (動植物などの)保護、管理；保存 ★conserve 動 を保護する
0617	**cooperation** [kouàpəréiʃən]	图 協力、協同
0618	**craft** [kræft]	图 技能、技術；職業、巧芸(品) 動 (手作業で)を作る
0619	**decade** [dékeid]	图 10 年間
0620	**forecast** [fɔ́ːrkæst]	图 予想、予報(for; of)
0621	**institution** [ìnstətjúːʃən]	图 施設；協会；社会制度 ★institute 图 学会、協会
0622	**loan** [lóun]	图 貸付金、融資、ローン 動 を貸し付ける、を貸す ☆名詞用法が多い。
0623	**manner** [mǽnər]	图 方法；態度；(~s)作法

The *public* relations officer updated the press on the company expansion plans.

広報担当者は、会社の拡大計画についての最新情報を報道機関に知らせた。

Scientists have observed a drop in the bee population *on a* global scale.

科学者たちは、蜂の数が地球規模で減少したことに気付いた。

His essays have good content, but almost no organizational structure.

彼の小論文の内容はいいが、系統だった構造がほぼ見受けられない。

The ceiling was damaged by a second-floor water leak.

2 階の床の水漏れのため、天井が傷んだ。

Conservation of our natural resources must be a high priority.

天然資源の保護は最優先にされるべきだ。

We could not have finished on time without your cooperation.

あなたの協力がなければ、期日どおりに終わらせることはできなかったでしょう。

My dad and grandpa are cabinetmakers, but I won't follow in their craft.

私の父と祖父は家具職人だが、私は彼らの技能を継がない。

The past decade has been one of innovation and growth.

この 10 年間は、革新と成長の期間だった。

The weekend forecast predicts falling temperatures and light snow.

週末の天気予報は、気温が下がり小雪がちらつくと予測している。

A nursing degree will enable you to work at various healthcare institutions.

看護師の資格を持っていれば、さまざまな医療施設で働くことができます。

I cannot afford the house without a loan.

ローンなしでは、私は家を購入することができない。

The professor's talk continued *in a* casual manner.

教授の話は、形式張らない雰囲気で続けられた。

| 0624 | **protection** | 名 保護；保障 |
| | [prətékʃən] | ★protect 動 を守る；を保護する |

| 0625 | **relief** | 名 安堵、ほっとさせるもの；除去；救援 |
| | [rilíːf] | ★relieve 動 を取り除く；を安心させる |

| 0626 | **talent** | 名 才能(for)；才能のある人々 |
| | [tǽlənt] | ★talented 形 才能ある |

| 0627 | **treatment** | 名 治療；取扱い、待遇 |
| | [tríːtmənt] | ★treat 動 を扱う；治療する |

| 0628 | **affect** | 動 に影響する、に影響を及ぼす |
| | [əfékt] | |

| 0629 | **contain** | 動 を含む；の収容能力がある |
| | [kəntéin] | ★container 名 容器、入れ物 |

| 0630 | **depart** | 動 出発する(from; for) |
| | [dipáːrt] | ★departure 名 出発 |

| 0631 | **donate** | 動 を寄贈する、を寄付する(to) |
| | [dóuneit] | ★donation 名 寄付(金) |

| 0632 | **establish** | 動 を設立する；を確立する |
| | [istǽbliʃ] | |

| 0633 | **intend** | 動 を意図する；～するつもりである(to *do*)；～向けである(be ～ed for) |
| | [inténd] | ★intention 名 意図 |

| 0634 | **lean** | 動 上体を曲げる；傾く；寄りかかる(against) |
| | [líːn] | |

| 0635 | **lower** | 動 を低くする、を下げる；をへこます |
| | [lóuər] | |

| 0636 | **negotiate** | 動 交渉[協議]する(for; with)；を取り決める |
| | [nigóuʃièit] | ★negotiation 名 交渉 |

The bus provides safety belts for passenger protection, but no one uses them.	バスは乗客の保護のために安全ベルトを装備しているが、誰も使用していない。
It was a relief *to* hear the airline found our lost luggage.	航空会社が私たちのなくなった荷物を見つけたことを聞いてほっとした。
I *have* no talent *for* judging people's ages.	私は人の年齢を当てる才能がない。
He gets special treatment because he is friends with the manager.	彼は部長と仲がいいので、特別待遇を受けている。
Lack of sleep can affect a person's work performance.	睡眠不足は仕事の能率に影響することがある。
This cereal contains a lot of important nutrients.	このシリアルは多くの重要な栄養素を含んでいる。
If you depart now, you will just make the next train.	今出発すれば、次の電車にちょうど間に合います。
He donated all of his prize money *to* charity.	彼は賞金をすべて慈善事業に寄付した。
The pioneers established their first settlement by this river.	開拓者たちはこの川沿いに最初の居住地を築いた。
The mail *was* intended *for* my wife, but I opened it instead.	その郵便は妻に宛てられていたが、代わりに私が開封した。
The passenger leaned too far over the railing and fell into the sea.	その乗客は手すりにあまりに深く寄りかかったため、海に落ちた。
My test scores have lowered my hopes regarding entering graduate school.	テストの点数は、大学院進学に関する私の期待をくじいた。
The union hopes to negotiate a wage increase.	組合は賃上げを取り決めたいと考えている。

0637	**secure** □ [sikjúər]	動 を確保する、を守る；を保証する 形 安全な；しっかりした ★security 名 安全
0638	**vote** □ [vóut]	動 （～に賛成[反対]の）投票をする(for; against)；に投票する 名 投票、票(for; against)；票決 ☆動詞・名詞共に多い。
0639	**construct** □ [kənstrʌ́kt]	動 を建てる、を建設する ★construction 名 建設(工事)
0640	**contribute** □ [kəntríbjuːt]	動 A を B に寄付[提供]する(～ A to B)；貢献する、寄与する(to)；一因となる(to) ★contribution 名 貢献；寄付(金)
0641	**decline** □ [dikláin]	動 減少する、下落する；丁寧に断る 名 下落、減少、衰え；晩年 ☆動詞用法が多い。
0642	**explore** □ [iksplɔ́ːr]	動 を探検[探索]する；を詳しく調べる
0643	**propose** □ [prəpóuz]	動 を提案する(to do; doing; that ...)、を提唱する；を指名する ★proposal 名 提案、申込み
0644	**recognize** □ [rékəgnàiz]	動 を見て[聞いて]わかる、の見分けがつく ★recognition 名 認識；賞賛
0645	**suppose** □ [səpóuz]	動 (be ～d to do) ～することになっている、～しなければならない；…と思う(that ...) ☆be ～d to do の用法が非常に多い。
0646	**block** □ [blák]	動 をふさぐ、を封鎖する；を妨害する 名 《米》街区、ブロック；ひとかたまり、一区画；(石などの)かたまり
0647	**honor** □ [ánər]	動 に敬意を表する、(be ～ed) 光栄に思う(to do; that ...)；に栄誉を授ける 名 尊敬；名誉、名誉となること[人] ☆発音注意

He hopes to secure a position at a publishing house.

彼は出版社での職位を確保したいと思っている。

I didn't vote *for* the current mayor but I admit he's done well.

現在の市長には賛成の投票をしなかったが、彼はよくやっていると認める。

The city hopes to construct an additional bridge across the East River.

市は、East River に橋をもう 1 本建設することを望んでいる。

Poor dietary habits contributed *to* her early death.

偏った食生活が彼女の早死の一因となった。

The stock price has been declining ever since the CEO resigned.

CEO が辞任して以来ずっと、株価は落ち続けている。

Tourists like to explore the craft shops around the lake.

観光客は湖の周りの工芸品店を見て回るのが好きだ。

The study group proposed *that* we close our north office.

研究グループは、われわれは北のオフィスを閉鎖するべきだと提案した。

I taught her as a child and do not recognize her now.

私は彼女が子供の頃に教えていたのに、今は彼女だとわからない。

He *was* supposed *to* graduate two years ago but is still taking classes.

彼は 2 年前に卒業するはずだったが、まだ授業を取っている。

The tree fell across the road, blocking traffic.

道路にまたがって木が倒れ、通行の妨げになった。

I *am* honored *to* be asked to speak at the convention.

会議でのスピーチを頼まれて光栄に思います。

117

0648	**qualify** [kwάləfài]	動 に資格を与える、を適任とする ★qualified 形 資格のある、適任の
0649	**reflect** [riflékt]	動 を反映する、を映し出す；を反射する ★reflection 名 反映
0650	**represent** [rèprizént]	動 を代表する；を表す；を描く ★representative 名 代表者、代理人
0651	**rush** [rʌʃ]	動 急いで行く (to; into)；急いで～する (to do)；を急がせる 名 強い流れ[動き]；忙しさ
0652	**seek** [síːk]	動 (sought; sought) を探す、を求める；～しようとする(to do) ★seek out「を探し出す」
0653	**browse** [bráuz]	動 (商品を)見て回る、(本などを)立ち読みする (through)；(ネットで)閲覧する(through)
0654	**conclude** [kənklúːd]	動 …という結論を出す(that ...)；を締めくくる；を締結する
0655	**emphasize** [émfəsàiz]	動 を強調する；を重視する ★emphasis 名 強調
0656	**function** [fʌ́ŋkʃən]	動 機能する、働く 名 機能、働き；関数 ★malfunction 動 誤作動する
0657	**lock** [lάk]	動 にかぎをかける；を閉じ込める；を固定する 名 かぎ、ロック；停止 ★unlock 動 を開錠する
0658	**maintain** [meintéin]	動 を維持する、を保つ；を主張する ★maintenance 名 メンテナンス、保守管理
0659	**predict** [pridíkt]	動 を予測する、を予言する(that ...) ★prediction 名 予言、予想

She went to medical school but she's not qualified to perform surgery.

彼女は医科大学に行ったが、手術を行う資格は持っていない。

His improvement reflects his long hours of study and practice.

彼の進歩は、長時間の学習と練習を反映している。

These figures represent birth and death rates per 1,000 people.

これらの数値は、1,000人当たりの出生率と死亡率を表している。

When I heard he was ill, I rushed *to* the hospital.

彼が病気だと聞いて、私は病院へ急いだ。

I often seek *out* old high school classmates online.

私はよく、高校時代の古い同級生をインターネットで探す。

I like to browse *through* computer shops, although I never buy anything.

コンピューター関連の店をぶらぶら見て回るのは好きだが、何かを買うことはない。

From your test scores, I can only conclude you didn't study.

テストの点数を見る限り、君は勉強しなかったという結論を出すしかない。

My doctor always emphasizes the importance of regular exercise.

私の医師は、定期的に運動することの重要性をいつも強調している。

This automatic braking system functions well in all forms of weather.

この自動ブレーキシステムは、どのような天候でも正常に作動する。

This town is so safe you need not lock your door at night.

この町はとても安全なので、夜でもドアにかぎをかける必要がありません。

My new schedule makes it hard to maintain my diet.

新しいスケジュールでは、自分の食習慣を維持するのが難しい。

Experts predict *that* the outcome of the game will be close.

専門家たちは、試合結果は僅差になると予測している。

119

0660 **unlock** ☐ [ʌnlák]	動 を開錠する；を解明する ★lock 動 にかぎをかける
0661 **acquire** ☐ [əkwáiər]	動 を得る、を獲得する；を習得する ★acquisition 名 獲得；習得
0662 **count** ☐ [káunt]	動 を数える；を当てにする；期待する（on; upon） 名 数、総数；計算
0663 **equip** ☐ [ikwíp]	動 を備え付ける（with）；を装備する（for） ★equipment 名 機器、装置
0664 **hesitate** ☐ [hézətèit]	動 ～するのをためらう[遠慮する]（to *do*）
0665 **occupy** ☐ [ákjupài]	動 （場所など）を占拠する、占める、占領する
0666 **persuade** ☐ [pərswéid]	動 を説得して～させる（to *do*）；を納得させる （of; that ...） ★persuasion 名 説得；確信
0667 **restore** ☐ [ristɔ́:r]	動 を回復させる；を修復する；を戻す（to） ★restoration 名 修復；復旧
0668 **reveal** ☐ [riví:l]	動 を明らかにする（that ...; wh 節）；を見せる
0669 **weigh** ☐ [wéi]	動 の重さがある；重要である；の重さを測る； をよく考える ★weight 名 体重
0670 **complex** ☐ 形 [kəmpléks] 名 [kámpleks]	形 複雑な、込み入った 名 複合大型ビル ☆アクセント注意
0671 **familiar** ☐ [fəmíljər]	形 よく知っている（with）、なじみのある（to） ★familiarize 動 を熟知させる

Linguists haven't been able to unlock the mysteries of this ancient manuscript.	言語学者たちは、この古文書の謎をまだ解明できていない。
Declining land values have enabled us to acquire several nice properties.	地価が下落しているので、われわれは良い物件をいくつか入手することができた。
We're counting on good weather for our cruise.	クルーズのときに良い天気になることを期待している。
By law, all new vehicles must be equipped *with* airbags.	法律により、すべての新車はエアバッグを装備していなければならない。
Please don't hesitate *to* contact me if you have any trouble.	何か問題があれば、遠慮しないで連絡してください。
The demonstrators occupied the entranceway of city hall.	デモ参加者たちは市役所の玄関を占拠した。
I had no intention to make a purchase, but the salesclerk persuaded me.	購入するつもりは全くなかったが、店員に説得された。
Despite earthquake damage, the castle will be restored *to* its previous form.	地震の被害にもかかわらず、城は元の形に修復される。
The contents of the treasure chest were revealed live on television.	宝箱の中身はテレビの生中継で明らかにされた。
He claims to weigh less than he did when he was 20.	彼は20歳の時よりも少ない体重であると主張している。
I like mysteries, but this time the plot was too complex.	私は推理小説が好きだが、今回は筋書きが非常に複雑だった。
I am not so familiar *with* the streets in this area.	私はこの地域の道をそれほどよく知らない。

0672	**senior** [sí:njər]	形 (職位が)上級の；年上の ☆反意語は junior 「下級の；年下の」

0673	**casual** [kǽʒuəl]	形 打ち解けた；普段着の；偶然の、何げない

0674	**efficient** [ifíʃənt]	形 効率的な、効率の良い；有能な ★efficiency 名 効率、能率

0675	**flexible** [fléksəbl]	形 融通のきく、柔軟な；曲げられる ★flexibility 名 柔軟性；適応性

0676	**formal** [fɔ́:rməl]	形 正式の；格調の高い；形式ばった ☆反対語は informal

0677	**ideal** [aidí:əl]	形 理想的な；観念的な

0678	**initial** [iníʃəl]	形 初めの 動 にイニシャルで署名する ★initially 副 最初は

0679	**missing** [mísiŋ]	形 見つからない、行方不明の、失くした ★miss 動 を取りそこなう

0680	**numerous** [njú:mərəs]	形 多数の、たくさんの

0681	**related** [riléitid]	形 関係のある(to)；親類の(to) ★relate 動 を関係させる relation 名 関係、関連

0682	**significant** [signífikənt]	形 (数量が)かなりの；重要な ★significantly 副 著しく

0683	**brief** [brí:f]	形 (時間が)短い；簡潔な ★briefly 副 簡単に、手短に

The information came from a senior official in the government.	その情報は政府の高官によってもたらされた。
He made a casual comment about the weather.	彼は天気についての何げない意見を述べた。
His secretary is a little unfriendly, but very efficient.	彼の秘書は少し無愛想だが、とても有能だ。
I am flexible as to the meeting time.	会議の時間については、私はいつでも都合がつきます。
She mentioned the party, but I haven't received a formal invitation.	彼女はパーティーのことを言っていたが、私はまだ正式な招待状をもらっていない。
Our ideal job candidate would have a degree in physics and speak French.	この仕事の理想的な応募者は、物理学の学位を持っていてフランス語が話せることだ。
My initial *thought* was that I had broken my ankle.	私の当初の考えは、足首を骨折したのではないかということだった。
The old lady contacted the police about her missing poodle.	老婦人は、彼女の行方不明のプードルのことで警察に連絡した。
Numerous people have applied for the job, but we haven't hired anyone.	数多くの人がこの仕事に応募したが、私たちはまだ誰も雇っていない。
He claims his bad mood is related *to* lack of sleep.	自分が不機嫌なのは、睡眠不足に関係していると彼は断言している。
One significant factor in our recent success has been improved staff communication.	われわれが最近成功している重要な要因の一つは、スタッフ間コミュニケーションの改善だ。
He said the meeting would be brief, but it continued for an hour.	会議の時間は短いと彼は言っていたが、1時間続いた。

0684	**economic** ☐ [ì:kənámik]	形 経済(上)の；経済学の ★economy 名 経済
0685	**educational** ☐ [èdʒukéiʃənl]	形 教育的な；教育上の ★educate 動 を教育する education 形 教育
0686	**immediate** ☐ [imí:diət]	形 即座の；すぐ隣の；ごく近い ★immediately 副 すぐに、ただちに
0687	**overall** ☐ [òuvərɔ́:l]	形 全体的な、全体の 副 総計で；（文頭で）全体として
0688	**practical** ☐ [prǽktikəl]	形 実用的な、実際的な、現実的な ★practice 名 練習；習慣
0689	**suitable** ☐ [sú:təbl]	形 ふさわしい、適した、適当な(for; to) ★suit 動 を適合させる
0690	**talented** ☐ [tǽləntid]	形 才能ある、有能な ★talent 名 才能
0691	**agricultural** ☐ [ǽgrikʌ́ltʃərəl]	形 農業(上)の ★agriculture 名 農業
0692	**appropriate** ☐ [əpróupriət]	形 ふさわしい、適切な、妥当な(for; to)
0693	**attractive** ☐ [ətrǽktiv]	形 魅力的な、興味をそそる ★attract 動 に魅力を感じさせる attractive 形 魅力的な
0694	**average** ☐ [ǽvəridʒ]	形 平均の；平均的な 名 平均、平均値；標準 動 平均して～する ☆形容詞・名詞・動詞共に多い。
0695	**confident** ☐ [kánfədənt]	形 自信がある、確信している(about; of; that …) ★confidence 名 信頼；自信 confidential 形 秘密の

He believes that lower taxes will lead to economic ruin.

税金の引き下げは経済の破綻につながると彼は信じている。

His classes were entertaining but not very educational.

彼の授業は面白かったが、あまり教育的ではなかった。

The medicine had immediate effect, and the patient soon slept.

その薬には即座の効果があり、患者はまもなく眠った。

He did well in certain areas, but his overall score was low.

彼は特定の分野では良くできたが、総合点が低かった。

We made a practical *decision* to close the factory.

われわれは、工場を閉鎖するという現実的な決断を下した。

Her shoes were stylish, but not very suitable *for* hiking.

彼女の靴はおしゃれだったが、ハイキングには適していなかった。

He is the most talented player on the team.

彼はこのチームで最も才能ある選手です。

Agricultural imports account for 30 percent of our nation's food supply.

輸入農産物は、わが国の食料供給の30パーセントを占めている。

The subject matter of the movie is not appropriate *for* children.

この映画の主題は子供にふさわしくない。

Renting a car is an attractive option for tourists wishing to see the countryside.

レンタカーは、田舎に行きたい観光客にとって魅力的な選択肢だ。

The average age of first-time homeowners is 34.

初めてマイホームを持つ平均年齢は34歳である。

The doctor is confident *that* my recovery will be quick.

私の回復は早い、と医者は確信している。

0696	**durable**	形 丈夫な、耐久性のある
	[djúərəbl]	★durability 名 耐久性、耐久力
		duration 名 持続(期間)

| 0697 | **engaging** | 形 魅力的な、興味をそそる |
| | [ingéidʒiŋ] | |

| 0698 | **former** | 形 (時間的に)元の、前の、先の |
| | [fɔ́:rmər] | |

🎧 CD ②10

| 0699 | **fortunate** | 形 幸運な(in; to do; that ...) |
| | [fɔ́:rtʃənət] | |

| 0700 | **legal** | 形 法律の、法的な；合法的な |
| | [lí:gəl] | |

| 0701 | **longtime** | 形 長年の、昔からの |
| | [lɔ́:ŋtàim] | |

| 0702 | **overtime** | 形 時間外の、超過勤務の |
| | [óuvərtàim] | 副 時間外に、超過勤務で |

| 0703 | **regardless** | 形 無配慮の、気にかけない |
| | [rigá:rdlis] | ★regardless of 「~にもかかわらず、~に関係なく」 |

| 0704 | **despite** | 前 ~にもかかわらず |
| | [dispáit] | |

| 0705 | **frequently** | 副 しばしば、頻繁に |
| | [frí:kwəntli] | ★frequent 形 いつもの |

| 0706 | **regularly** | 副 定期的に；規則正しく |
| | [régjulərli] | ★regular 形 規則的な；定期的な |

| 0707 | **except** | 前 ~以外に(は)、~を除いて(は) |
| | [iksépt] | |

| 0708 | **particularly** | 副 とりわけ、特に |
| | [pərtíkjulərli] | ★particular 形 特にこの、特定の |

These boots are comfortable, durable, and not so expensive.
このブーツは履きやすく、丈夫で、それほど値段が高くない。

The performers were inspired by the engaging faces of the children.
パフォーマーたちは、子供たちの魅力的な表情に触発された。

His former wife is now director of local social services.
彼の元妻は今、地元の社会福祉の責任者になっている。

We were fortunate to find parking near the theater.
劇場の近くに駐車場を見つけられたのは幸運だった。

We must resolve some legal issues before we can purchase the land.
その土地を購入する前に、法的な問題をいくつか解決する必要がある。

Longtime residents were saddened to see the demolition of the city clock tower.
昔からの住民たちは、市の時計塔が取り壊されるのを見て悲しんだ。

Overtime hours have decreased in my office even despite fewer staff.
スタッフが減ったにもかかわらず、職場の残業時間は減少した。

He plans to buy this land regardless of how much it costs.
彼はこの土地を、価格がどのくらい高いかに関係なく購入するつもりだ。

Despite the delay, the meeting ended right on schedule.
開始が遅れたにもかかわらず、会議は予定通りの時間に終わった。

George says he frequently worries about his finances.
George は自分の収入についてしばしば心配していると言っている。

The local weather bureau updates weather conditions regularly.
地元の気象局は、天気の状況を定期的に更新している。

He told me he was free any day except Wednesday.
彼は水曜日以外なら何曜日でも空いていると言った。

The entire group sang out of tune, particularly the back-up singers.
グループ全員が、とりわけバックで歌うシンガーたちが、音程を外して歌った。

| 0709 | **shortly**
[ʃɔ́ːrtli] | 副 まもなく、すぐに；少し前[後]に
（before; after） |

| 0710 | **accordingly**
[əkɔ́ːrdiŋli] | 副 それに応じて；結果として
★according to「～によれば」 |

| 0711 | **closely**
[klóusli] | 副 接近して；注意深く；密接に |

| 0712 | **correctly**
[kəréktli] | 副 正しく、正確に
★correct 形 正しい、正確な |

| 0713 | **extensively**
[iksténsivli] | 副 広く、広範に
★extensive 形 広い、広範な |

| 0714 | **mostly**
[móustli] | 副 たいてい、大部分は |

| 0715 | **otherwise**
[ʌ́ðərwàiz] | 副 さもなければ；別の方法で；その他の点では |

| 0716 | **via**
[váiə, ví(ː)ə] | 前 ～を通って、～経由で；（媒体を示して）～に
よって |

| 0717 | **absolutely**
[ǽbsəljúːtli] | 副 完全に、全く、絶対に |

| 0718 | **entirely**
[intáiərli] | 副 全く、すっかり、完全に
★entire 形 全体の |

| 0719 | **kindly**
[káindli] | 副 親切に；（疑問文・命令文で丁寧さを加えて）
どうか、どうぞ |

| 0720 | **relatively**
[rélətivli] | 副 比較的に、相対的に；かなり |

| 0721 | **successfully**
[səksésfəli] | 副 首尾よく、うまく、見事に
★successful 形 成功した |

The couple began to quarrel shortly *after* dinner.	そのカップルは、夕食後すぐに口論を始めた。
Read our company rules of conduct and act accordingly.	わが社の行動規則を読んで、それに応じて行動しなさい。
The study found that dry eye is closely related to computer usage.	その研究で、ドライアイはコンピューターの使用と密接に関係しているとわかった。
She answered only four of 20 questions correctly.	彼女は 20 題の質問のうち 4 題しか正しく解答できなかった。
Soybeans are cultivated extensively throughout this region.	大豆はこの地域全体で広く栽培されている。
His courses mostly focus on 20th-century politics.	彼の講義は主に 20 世紀の政治に重点を置いている。
It rained on the first day, but otherwise our vacation was great.	初日は雨が降ったが、それ以外は最高の休暇だった。
The best way to view the coastline is via cruise ship.	海岸線を眺める最高の方法は、クルーズ船から見ることだ。
At this day in age, computer skills are absolutely necessary.	この時代において、コンピューター技能は絶対に必要なものだ。
Whether you pass or fail is entirely up to you.	合格か不合格かは、全く自分次第である。
I was kindly welcomed by the hotel staff.	私はホテルのスタッフに親切に迎えられた。
My grandfather died at the relatively young age of 56.	私の祖父は 56 歳という比較的若い年齢で亡くなった。
She successfully completed an online course in linguistics.	彼女は言語学のオンライン講座を見事に修了した。

● Level 3

CD ②11

0722 **appreciation**
[əpríːʃiéiʃən]
图 感謝(の気持ち);鑑賞
★in appreciation for [of]「〜に感謝して」
appreciate 動 を感謝する;〜の価値を認める

0723 **associate**
[əsóuʃiət]
图 仲間、同僚;提携者
形 準…、副…
★association 图 関連、提携;協会

0724 **container**
[kəntéinər]
图 容器、入れ物
★contain 動 を含む

0725 **division**
[divíʒən]
图 (組織の)部、部門;分割
★divide 動 を分割する

0726 **entry**
[éntri]
图 入ること、入場、参加
★enter 動 に入る

0727 **expansion**
[ikspǽnʃən]
图 拡張、拡大;膨張
★expand 動 (を)拡張する

0728 **fabric**
[fǽbrik]
图 骨組み;構造;織物;生地

0729 **flyer**
[fláiər]
图 チラシ、ビラ;空飛ぶもの[生物]
☆flier ともつづる。

0730 **inquiry**
[inkwáiəri]
图 調査(into);問い合わせ(about)
★inquire 動 を尋ねる;尋ねる

0731 **quantity**
[kwántəti]
图 量;一定の量(of);多量、多数(of)

0732 **recommendation**
[rèkəmendéiʃən]
图 推薦;推薦状;おすすめ品
★recommend 動 を勧める

0733 **retirement**
[ritáiərmənt]
图 退職;退職後の生活
★retire 動 退職[引退]する

In appreciation *for* his service, the company gave him a gold watch.	彼の勤務に対する感謝のしるしとして、会社は彼に金の時計を贈った。
Most of my business associates can speak English well.	仕事の同僚は、たいてい英語を話すのがうまい。
I brought a container of ice water to take on the hike.	私はハイキング用に氷水が入った容器を持って来た。
Before becoming CEO, John was president of the *personnel* division.	John は CEO になる前、人事部門の役員だった。
The museum closes at 9:00 p.m., with last entry at 8:00.	博物館は午後 9 時に閉館で、最終入場は 8 時となります。
The new law will promote an expansion of trade with neighboring countries.	その新しい法律は、近隣諸国との貿易の拡大を促進するだろう。
I like this dress, but the fabric makes me itchy.	このドレスは気に入っているが、この布地はかゆくなる。
I was handed a flyer for a new Indian restaurant.	新しいインド料理レストランのチラシを手渡された。
The factory accident resulted in a police inquiry.	その工場の事故は、警察の取り調べが行われる結果となった。
Even a small quantity *of* caffeine will keep me awake.	ほんの少量のカフェインでも私は目がさえてしまう。
He asked Professor Hill for a letter of recommendation.	彼は Hill 教授に推薦状を書いてもらうようお願いした。
After retirement, I hope to travel around the world.	退職後、私は世界中を旅したい。

0734	**storage** [stɔ́:ridʒ]	名 保管；収納スペース；《コ》記憶（装置） ★store 動 を保存する

0735 **appearance** [əpíərəns]
名 外見；出現；登場
★appear 動 ～のように見える

0736 **institute** [ínstətjù:t]
名 学会、協会、研究所
動 を制定する、を始める
★institution 名 施設；協会

0737 **satisfaction** [sæ̀tisfǽkʃən]
名 満足（of; in; with）；満足させるもの
★satisfied 形 満足している

0738 **statement** [stéitmənt]
名 声明；陳述、申し立て；事業報告書, 明細書
★state 動 を述べる

0739 **auditorium** [ɔ̀:ditɔ́:riəm]
名 講堂；観客席；公会堂

0740 **behalf** [bihǽf]
名 利益、味方
★on behalf of 「～のために；～の代理で、～を代表して」

0741 **creation** [kriéiʃən]
名 創造、創作、作成；作品
★create 動 を創造する

0742 **hardware** [há:rdwèər]
名 （機器の総称）ハードウェア；（家庭用）金属製品
☆数えられない名詞

0743 **inconvenience** [ìnkənví:niəns]
名 不便、迷惑（for; to）
☆反意語は convenience 「便利、便宜」

0744 **meantime** [mí:ntàim]
名 合い間、その間
★in the meantime 「その間に、それまでは」

0745 **medication** [mèdəkéiʃən]
名 薬、薬物；薬物治療

Our storage facility is packed with unneeded items.	われわれの保管施設は不要な品でいっぱいだ。
She may be famous, but I was not impressed by her appearance.	彼女は有名かもしれないが、私は彼女の外見に感心しなかった。
The art institute promotes the work of regional artists.	その美術協会は、地域の芸術家たちの作品の振興を図っている。
Customer satisfaction is the No. 1 goal of our hotel.	お客様に満足していただくことが当ホテルの一番の目標です。
My credit card statement listed one charge that I have no record of.	クレジットカードの利用明細書の中に、私の記録にない請求が 1 件記載されていた。
The school orchestra will perform in the auditorium on Friday night.	学校のオーケストラは金曜日の夜に講堂で演奏します。
She thanked me on behalf of the entire staff.	彼女はスタッフ全員を代表して私にお礼を言った。
The digital age has simplified the creation of texts.	デジタル時代は、文書の作成を簡単にした。
Hardware costs have been stable, but software is becoming cheaper.	ハードウェアの価格はずっと安定しているが、ソフトウェアは安くなっている。
The inoperative entertainment system was a big inconvenience *for* passengers.	正常に作動しない機内エンターテイメント・システムが、乗客に大きな迷惑をかけた。
He'll be late, so let's order an appetizer in the meantime.	彼は遅れるから、その間に食前酒を頼みましょう。
My medication tends to make me sleepy, so I dare not drive.	私が飲んでいる薬は眠くなりやすいので、決して運転しない。

0746	**patron** [péitrən]	名 常連客、得意客；後援者、賛同者 ☆発音注意
0747	**preference** [préfərəns]	名 好み、嗜好(for; to)；好きなもの ★prefer 動 (〜のほう)を好む
0748	**profit** [práfit]	名 利益、もうけ；得 ★profitable 形 利益になる
0749	**proof** [prú:f]	名 証拠(品)；証明(するもの)；校正刷り ★prove 動 を証明する
0750	**saving** [séiviŋ]	名 (〜s) 預貯金；節約 ★save 動 を節約する
0751	**trail** [tréil]	名 小道、経路；(通った)跡
0752	**certificate** [sərtífikət]	名 証明書；免許状；修了証書 ★gift certificate 「商品券」 certify 動 を証明[保証]する
0753	**completion** [kəmplí:ʃən]	名 完成、完了、終了 ★ upon [on] completion of 「〜が終了すると」 complete 動 を完成させる
0754	**county** [káunti]	名 《米》郡、《英》州 ★county fair 「農畜産物品評会」
0755	**cuisine** [kwizí:n]	名 料理、食事；調理法、料理法
0756	**developer** [divéləpər]	名 開発者；住宅開発業者 ★develop 動 を発達させる
0757	**district** [dístrikt]	名 地方；地区、管区
0758	**efficiency** [ifíʃənsi]	名 効率、能率 ★efficient 形 効率的な

Most of our shop patrons tend to be females in their teens.	私たちの店の常連客は10代の女性が多い。
I don't have a strong preference *for* either candidate.	私はどちらの候補者にも特別に好みがあるわけではない。
Limiting business hours has increased profits due to lower personnel costs.	営業時間を限定することで人件費が下がり、利益の増加につながった。
If you wish to return any article, you must show proof of purchase.	品物を返品する場合は、購入した証明書の提示が必要です。
I increased my savings by using less water and electricity.	私は水と電気を節約することで貯金を増やした。
The trail to the top of the mountain is quite steep.	山頂までの小道はかなり急だ。
My birth certificate lists my place of birth as New York City.	出生証明書には、私の出生地はニューヨーク市だと記されている。
The office party will begin *upon* completion *of* business hours.	営業時間が終了次第、社内パーティーを始めます。
The weather bureau issued a thunderstorm warning for the entire county.	気象局は、郡の全域に雷雨警報を発表した。
If you like Italian cuisine, please try that new restaurant.	イタリア料理が好きなら、あの新しいレストランに行ってみてください。
There are lots of good jobs for talented software developers.	才能あるソフトウェアの開発者には、良い仕事がたくさんある。
The two *school* districts merged due to a drop in student population.	生徒数の減少によって、2つの学区が統合された。
Our goal is to have the factory work at maximum efficiency.	われわれの目標は、最大限の効率で工場を動かすことだ。

0759 **expertise**
[èkspərtíːz]
图 専門知識、専門技術(in)

0760 **insurance**
[inʃúərəns]
图 保険；保険料；保険金

0761 **landmark**
[lǽndmàːrk]
图 目印となる建物；境界標；画期的な出来事

CD
②13
0762 **luncheon**
[lʌ́ntʃən]
图 昼食会；昼食

0763 **reduction**
[ridʌ́kʃən]
图 割引、減少、削減(in)
★reduce 動 を減らす

0764 **setting**
[sétiŋ]
图 (自然の)環境、背景；(太陽などが)沈むこと；(機器の)設定

0765 **utility**
[juːtíləti]
图 実用性、効用；(しばしば～s)(電気・ガス・水道など)公共事業

0766 **advancement**
[ædvǽnsmənt]
图 進歩、発展(of; in)；前進；昇進
★advance 图 発展、進歩

0767 **advertising**
[ǽdvərtàiziŋ]
图 広告[宣伝](すること)
★advertise 動 を宣伝する

0768 **approval**
[əprúːvəl]
图 承認、許可；賛成
★approve 動 を認可する

0769 **belonging**
[bilɔ́ːŋiŋ]
图 (～s) 所持品；所有物；帰属
★belong 動 に所属する

0770 **critic**
[krítik]
图 批評家
★critical 形 重大な；批判的な

0771 **evaluation**
[ivæljuéiʃən]
图 評価、判定
★evaluate 動 を評価する

All applicants need expertise *in* accounting and related software.

応募者は全員、会計および関連するソフトウェアの専門知識を有していなければならない。

Ever since my car accident, my insurance rates have increased dramatically.

車で交通事故を起こして以来、私の保険料率は劇的に上がった。

This old hotel is one of the community's best-known landmarks.

この古いホテルは、この地域で最もよく知られている目印の一つだ。

The luncheon was attended by scores of celebrities.

その昼食会には数多くの著名人が参加した。

Fishermen are suffering from a reduction *in* the amount of fish.

漁師たちは漁獲量の減少に苦しんでいる。

Our beachfront restaurant provides a nice setting for romantic couples.

海岸沿いの当レストランは、ロマンチックなカップルにぴったりの環境です。

I still have a cassette player, even though it has little practical utility.

私はまだカセットプレーヤーを持っているが、実用性はほぼない。

Advancements *in* medical science have been quite remarkable.

医療科学の進歩は非常にめざましい。

Our budget cuts have not left us much money for advertising.

予算削減によって、広告のための費用はほとんどなくなった。

Approval of loans depends on income, savings, and outstanding debts.

融資の承認は、収入、貯蓄、借金残高による。

We provide lockers for students to place books and other belongings.

私たちは、生徒たちが本やその他の持ち物を入れるためのロッカーを用意している。

Audiences are unhappy with the way the movie ended, but critics loved it.

映画の終わり方に観客は不満足だったが、評論家たちは絶賛した。

I'll give you my evaluation after I've read your manuscript.

君の原稿を読むまで、君に対する私の評価は見合わせます。

0772 **exposure** □ [ikspóuʒər]	图 さらされていること(to);暴露、発覚;(マスコミで)取り上げられること ★expose 動 を(日光などに)さらす
0773 **gear** □ [gíər]	图 器具、機材;歯車、ギア
0774 **leak** □ [líːk]	图 漏れ;漏電 動 を漏らす;漏れる;水漏れする ☆名詞・動詞共に多い。
0775 **mentoring** □ [méntəriŋ]	图 指導、訓練 ☆企業や学校で熟練指導者がカウンセリングや指導を行うこと。
0776 **nutrition** □ [njuːtríʃən]	图 栄養(摂取) ★nutritional 形 栄養(上)の
0777 **ownership** □ [óunərʃip]	图 所有権;所有者であること
0778 **prediction** □ [pridíkʃən]	图 予言、予想 ★predict 動 を予測する
0779 **productivity** □ [pròudʌktívəti]	图 生産性、生産力 ★product 图 製品、商品 productive 形 生産力のある
0780 **publicity** □ [pʌblísəti]	图 広報、宣伝;評判 ★public 形 公の、公共の
0781 **railing** □ [réiliŋ]	图 手すり;柵 ★rail 图 鉄道;手すり
0782 **refreshment** □ [rifréʃmənt]	图 (~s) 軽い飲食物
0783 **reminder** □ [rimáindər]	图 思い出させるもの[こと・人](of; about) ★remind 動 に思い出させる

CD
②14

138

Vampires are supposed to die upon exposure *to* sunlight.	吸血鬼は日光にさらされると死ぬことになっている。
I am envious of all his expensive camera gear.	私は彼が持っている高価なカメラ機材が全部うらやましい。
The mechanic said the problem was a small oil leak.	整備士は、わずかなオイル漏れが問題だと言った。
Thanks to his professor's mentoring, Michael was able to enter graduate school.	彼の教授の指導のおかげで、Michaelは大学院に入学することができた。
Junk food may taste good but it lacks nutrition.	ジャンクフードはおいしいかもしれないが、栄養素に欠ける。
Ownership of the parking facility has recently changed.	この駐車施設の所有権が最近変わった。
The prediction of our sales totals was wildly mistaken.	われわれの総売上額の予想は大きく間違っていた。
My productivity increases if I can get a good night's sleep.	夜にしっかり睡眠をとることができれば、私の生産性は上がる。
Actors claim that there is no such thing as bad publicity.	俳優たちは、悪い評判など存在しないと主張する。
The stairs are steep, so be sure to hold the railing.	階段は急なので必ず手すりにつかまるように。
Refreshments are on sale in the lobby during intermission.	休憩時間に、ロビーで軽い飲み物が販売されている。
The scar on my forehead is a constant reminder *of* my traffic accident.	私のひたいの傷跡は、自分の交通事故を常に思い出させるものである。

0784	**reputation** [rèpjutéiʃən]	名 評判(for; as)；名声

0785	**wildlife** [wáildlàif]	名 野生生物 ☆数えられない名詞

0786	**postpone** [pous(t)póun]	動 を延期する、を先送りにする(untill; till; to)

0787	**respond** [rispánd]	動 (〜に)答える(to)、(〜に)返答する ★response 名 返答、回答、反応

0788	**transport** 動 [trænspɔ́:rt] 名 [trǽnspɔ:rt]	動 を輸送する、を運ぶ 名 輸送、運搬 ☆アクセント注意 ★transportation 名 交通機関；輸送

0789	**adjust** [ədʒʌ́st]	動 適合する、順応する(to)；を合わせる、適合させる ★adjustment 名 調整、調節

0790	**enroll** [inróul]	動 登録する、入学[入会]する(in; at; for) ★enrollment 名 登録、入学

0791	**generate** [dʒénərèit]	動 を生み出す；を起こす

0792	**invest** [invést]	動 (金など)を投資する(in)；投資する(in) ★investment 名 投資

0793	**undergo** [ʌndərgóu]	動 (underwent; undergone) (手術・検査など)を受ける；を経験する

0794	**assemble** [əsémbl]	動 を組み立てる、を作り上げる；を集める

0795	**demonstrate** [démənstrèit]	動 を証明する；を実演する；デモをする ★demonstration 名 デモ；実演

Their prices may be low, but they have a reputation *for* careless work.

彼らの作業費は安いかもしれないが、仕事がずさんだという評判がある。

Hunting is strictly prohibited within the wildlife preserve.

野生動物保護区内での狩猟はかたく禁じられている。

They decided to postpone their wedding *until* spring.

彼らは結婚を春まで延期することを決めた。

He has yet to respond *to* our job offer.

われわれの仕事の依頼に対して、彼はまだ返事をしていない。

We find it more economical to transport our *goods* by truck.

当社の商品をトラックで輸送すると、よりコストが抑えられることがわかった。

Most visitors have trouble adjusting *to* the high mountain altitude.

観光客のほとんどは、高山の標高に順応するのに苦労する。

I enrolled *in* a yoga class at the gym.

私はスポーツクラブのヨガのクラスに申し込んだ。

The recent scandal has helped generate sales of her songs.

最近のスキャンダルは、彼女の歌の売り上げ増を引き起こす一因となった。

She invested her entire inheritance *in* oil stocks.

彼女は相続した財産のすべてを石油関連株に投資した。

The curriculum will undergo major *changes* starting from next year.

教育課程は来年から大きな変化を受ける。

I bought a tent but don't know how to assemble it.

テントを買ったが、どうやってそれを組み立てたらいいのかわからない。

Social network services demonstrate the communication capability of the Internet.

SNS は、インターネットのコミュニケーション能力を実証している。

0796	**monitor** [mánətər]	動 を監視する、を観察する；を傍受する 名《コ》モニター、ディスプレー；画面
0797	**motivate** [móutəvèit]	動 （人）を～する気にさせる（to do）、の意欲を 起こさせる
0798	**pile** [páil]	動 を積み重ねる、を積み上げる（on; in） 名 積み重ね；大量（of） ☆動詞・名詞共に多い。
0799	**switch** [swítʃ]	動 を変更する；を交換する；変更する（from; to）；仕事を交換する（with）
0800	**vary** [véəri]	動 異なる（in; from ... to; depending on）；変 化する ★variety 名 いろいろ；多様（性）
0801	**verify** [vérəfài]	動 （正しさ）を確認する；（真実）を証明する
0802	**employ** [implói]	動 を雇用する、を雇う ★employment 名 雇用 employer 名 雇用主
0803	**lift** [líft]	動 を持ち上げる、を上げる
0804	**overlook** [òuvərlúk]	動 を大目に見る；を見下ろす；を見落とす
0805	**resolve** [rizálv]	動 を解決する；を決意する；を議決する
0806	**retrieve** [ritríːv]	動 を回収する；を回復させる
0807	**afford** [əfɔ́ːrd]	動 （通常、否定文・疑問文で；can, be able to などと一緒に）（～できる）余裕がある（to do）；を与える ★affordable 形 買える値段の、手頃な

CD
 ②15

This website enables teachers to monitor student practice online.	このウェブサイトを通じて、教師は生徒たちの演習をオンラインで観察することができる。
The summer swimsuit season motivated her *to* lose weight.	夏の水着の季節のせいで、彼女は体重を減らす気になった。
She folded the laundry and piled it *on* the counter.	彼女は洗濯物をたたんでカウンターの上に積み重ねた。
I asked my wife to switch places, so I could have the window seat.	私は妻に場所を替わってもらうよう頼んだ。というわけで窓側の席を手に入れた。
Temperature will vary greatly according to the altitude.	気温は標高によって大きく変化する。
The website made me enter my password twice to verify it.	そのウェブサイトは、確認するためにパスワードを2回入力させた。
Our company employs over 10,000 people worldwide.	私たちの会社は、世界中に1万人を超える人を雇用している。
I cannot lift my arm above my shoulder.	私は肩より上に腕を上げることができない。
The teacher said she would overlook my absences if I brought a medical excuse.	先生は、私が病欠証明書を提出すれば、欠席を大目に見てくれると言った。
Our disagreement with the neighbors has yet to be resolved.	隣人たちとの意見の食い違いをまだ解決していない。
Passengers can retrieve their luggage in the baggage claim area.	乗客は、手荷物受取所で荷物を回収することができる。
You can't afford *to* miss any more classes or you may fail.	単位を落とすかもしれないので、君にこれ以上授業を欠席する余裕はない。

0808	**calculate** [kǽlkjulèit]	動 を計算する、を算出する
0809	**certify** [sə́ːrtəfài]	動 を証明[保証]する(that ...) ★certificate 名 証明書
0810	**cite** [sáit]	動 を引用する;を引き合いに出す
0811	**commute** [kəmjúːt]	動 通勤する、通学する
0812	**coordinate** [kouɔ́ːrdənèit]	動 をうまく調整する;を調和させる
0813	**dedicate** [dédikèit]	動 A を B にささげる(~ A to B)、専念する (to);(本・楽曲)を献呈する ★dedication 名 専念、献身
0814	**evaluate** [ivǽljuèit]	動 を評価する、を査定する ★evaluation 名 評価
0815	**instruct** [instrʌ́kt]	動 に教える、に知らせる(in; on; about);を指 示する(... to do[wh 節;that ...]) ★instruction 名 指示、命令
0816	**outline** [áutlàin]	動 の概略を述べる;に輪郭をつける
0817	**pursue** [pərsúː]	動 を追求する、を続行する;を追跡する
0818	**recall** [rikɔ́ːl]	動 を[…ということを]思い出す(that ...; wh 節);(不良品)を回収する、をリコールする ★recall doing「~したことを思い出す」
0819	**resign** [rizáin]	動 辞職する、辞任する(from);を辞職する

It's not difficult to calculate the age of fallen trees.	倒木の樹齢を計算するのは難しいことではない。
The results cannot be certified until all the votes have been counted.	すべての票を数え終わるまで、結果は正式に認定されない。
His research is often cited in academic journals.	彼の研究はたびたび学術誌に引用されている。
Rather than commute, I prefer to work from home.	通勤するよりも、私は在宅勤務のほうが好きだ。
The police are coordinating their investigation with the Transportation Ministry.	警察は捜査を運輸省と調整して進めている。
He dedicated his book *to* his son and daughter.	彼は自分の本を、息子と娘にささげた。
It will take time to evaluate the success of our sales campaign.	この販売キャンペーンの成功を評価するには時間がかかるだろう。
My secretary will instruct you as to the meeting arrangements.	会議の準備については、私の秘書がお知らせします。
Our CEO outlined the future prospects of our company.	CEO は、わが社の将来的展望の概略を説明した。
Many feel it's not practical to pursue a degree in philosophy.	多くの人は、哲学の学位を追求することは実用的でないと感じている。
I lived in England until age three but can't recall anything about it.	私は 3 歳までイングランドに住んでいたが、何も思い出せない。
The new boss said we must either follow what he says or resign.	新しい上司は、彼に従わないのであれば辞職するようにと言った。

0820 **sweep**
[swíːp]
動（swept; swept）を掃除する、を掃く；を払う；を押し流す

0821 **frequent**
[fríːkwənt]
形 いつもの；しばしば起こる
★frequently 副 しばしば

CD ②16

0822 **valid**
[vǽlid]
形 有効な（for; in）；妥当な；合法的な
☆反意語は invalid

0823 **prior**
[práiər]
形（時間・順序が）前の、先の
★prior to 「～に先だって」
priority 名 優先（事項）

0824 **accessible**
[əksésəbl]
形 行くことができる；近づきやすい、利用しやすい
★access 名 接近（方法）、アクセス

0825 **inexpensive**
[ìnikspénsiv]
形 安い、安価な
☆反意語は expensive

0826 **optional**
[ápʃənl]
形 任意の、選択が自由の、オプションの
★option 名 選択できるもの、選択肢

0827 **regional**
[ríːdʒənl]
形 地域の、地方の；局部的な
★region 名 地域、地方

0828 **defective**
[diféktiv]
形 欠陥のある
★defect 名 欠陥

0829 **enthusiastic**
[inθùːziǽstik]
形 熱心な、熱中して（about; for）
★enthusiast 名 熱中している人

0830 **exclusive**
[iksklúːsiv]
形 独占的な、排他的な；唯一の
★exclude 動 を除く

0831 **innovative**
[ínəvèitiv]
形 革新的な、刷新的な
★innovation 名 新機軸；刷新

The new law will sweep *away* trade barriers between the countries.

新しい法律は、国家間の貿易障壁を取り払うだろう。

The news is giving frequent updates of the election results.

ニュースでは、選挙の結果について頻繁な更新を行っている。

His medical license is not valid *in* this country.

彼の医師免許はこの国では有効ではない。

Prior to my current position, I worked in our company's personnel office.

今の役職に就く前に、私はうちの会社の人事部にいた。

Some mountain villages are so remote they are accessible only on foot.

一部の山村はあまりにも遠く離れた場所にあるため、徒歩でしか行くことができない。

An email greeting is a quick and inexpensive way to express holiday wishes.

Eメールは、年末年始のあいさつを伝えるための早くて安い方法だ。

Wireless charging is optional with this smartphone model.

このスマートフォンのモデルでは、ワイヤレス充電機能はオプションだ。

Most languages display regional differences in pronunciation and word choice.

ほとんどの言語は、発音とことばの選び方に地域的な違いが見られる。

The autos were recalled due to defective brakes.

ブレーキに欠陥があったため、その車はリコールされた。

The committee chief was not so enthusiastic *about* my proposal.

委員長は、私の提案に対してそれほど熱心ではなかった。

Our magazine has arranged an exclusive interview with a Hollywood star.

当社の雑誌は、ハリウッドスターの独占インタビューを用意した。

If a company hopes to succeed, it must be innovative in the market place.

企業が成功したいと思うなら、マーケットの中で革新的でなければならない。

0832	**introductory** [ìntrədʌ́ktəri]	形 紹介の、前置きの；入門の ★introduction 名 導入；紹介(状)
0833	**surrounding** [səráundiŋ]	形 周囲の、近くの 名 (～s) (まわりの)環境、状況 ★surround 動 を囲む
0834	**urgent** [ə́ːrdʒənt]	形 緊急の、差し迫った
0835	**academic** [æ̀kədémik]	形 学問の；大学の
0836	**broad** [brɔ́ːd]	形 幅の広い；広範囲に及ぶ
0837	**civic** [sívik]	形 市民の；都市の
0838	**competitive** [kəmpétətiv]	形 競争力のある；競争の ★compete 動 競争する competition 名 競争
0839	**culinary** [kʌ́linəri]	形 料理の、台所の
0840	**dental** [déntl]	形 歯の、歯科の
0841	**exact** [igzǽkt]	形 まさにその、正確な；厳密な；厳格な ★exactly 副 ちょうど、正確に
0842	**minimum** [míniməm]	形 最低限[最小限]の、最小の 名 最低限、最低点 ☆反意語は maximum ★minimize 動 を最小限にする
0843	**outstanding** [àutstǽndiŋ]	形 目立った、際立った、特に優れた

CD ②17

The introductory lesson is free, but each additional session must be paid for.

入門レッスンは無料だが、追加の授業はそれぞれ費用が必要だ。

Most of our workforce commutes from the surrounding *towns*.

当社の従業員のほとんどは、近郊の町から通勤している。

The weather bureau issued an urgent *warning* about the approaching storm.

気象局は、接近中の暴風雨に関する緊急警報を発令した。

Her work has been published in several academic journals.

彼女の業績はいくつかの学術誌に発表されている。

His lecture touched upon a broad *range* of topics.

彼の講義は、広範囲にわたる話題について触れた。

Volunteering for the school safety patrol is part of my civic duty.

私の市民としての義務の一つは、学校の安全パトロールのボランティア活動だ。

We have competitive *prices*, but our store location hurts sales.

当社は競争力のある価格を提供しているが、店舗の立地が売り上げを落ち込ませている。

These seeds are used for fabric dyes but also have culinary purposes.

これらの種は布の染料として使われているが、料理目的にも使える。

Our dental school has a reputation for producing outstanding dentists.

当歯科大学は、優れた歯科医を輩出することでよく知られています。

When making the sauce, be sure to add the exact amount of salt.

このソースを作るときは、正確な量の塩を加えてください。

I enjoy my work, but it only pays the minimum wage.

私は自分の仕事を気に入っているが、最低限の賃金しか支払われない。

Blessed with an outstanding memory, he rarely forgot anyone's name.

素晴らしい記憶力に恵まれ、彼は人の名前を忘れることがほとんどなかった。

0844	**overhead** [óuvərhèd]	形 頭上の、高架の
0845	**permanent** [pə́:rmənənt]	形 常任の、常設の；終身の、永続する ☆反意語は temporary 「一時的な」
0846	**productive** [prədʌ́ktiv]	形 生産的な；建設的な ★product 名 製品 productivity 名 生産性
0847	**reliable** [riláiəbl]	形 信頼できる ★rely 動 当てにする、信頼する
0848	**unexpected** [ʌ̀nikspéktid]	形 思いがけない、予期しない
0849	**regarding** [rigá:rdiŋ]	前 ～に関して(は)
0850	**overnight** 副 [òuvərnáit] 形 [óuvərnàit]	副 一晩じゅう、夜通し 形 一晩じゅうの、夜通しの
0851	**specifically** [spisífikəli]	副 特に、特別に；明確に；(文頭で)具体的には ★specific 形 特定の；具体的な
0852	**additionally** [ədíʃənli]	副 加えて、その上 ★addition 名 追加、付加 additional 形 追加の
0853	**afterward** [ǽftərwərd]	副 その後、後で ☆《英》では afterwards を使うことが多い。
0854	**annually** [ǽnjuəli]	副 年に1回、毎年 ★annual 形 年1回の、毎年の
0855	**aside** [əsáid]	副 別にして；わきに、横に

I left my backpack in the overhead compartment of the plane.	私は飛行機内の頭上の手荷物棚に、自分のバックパックを忘れてきた。
The first inhabitants had no permanent settlements but moved with the seasons.	最初の居住民たちは永続的な居住地があったわけではなく、季節ごとに移動していた。
We had a productive meeting about the merger.	われわれは合併についての生産的な会議をした。
Public transportation is so reliable that many people don't even own a car.	公共交通機関がとても信頼できるので、多くの人は車を所有していない。
Construction of the railway met with unexpected delays.	鉄道の建設は予期せぬ遅延に遭遇した。
He offered no suggestions regarding my project idea.	私の計画案について、彼は何も提言しなかった。
Due to the storm, we had to *stay* overnight at the airport.	暴風雨のせいで、私たちは空港で一晩じゅう過ごさなければならなかった。
I hope to travel, but there's no place I specifically want to go.	私は旅行がしたいが、とりわけ行きたい場所があるわけではない。
I came here to sightsee, but was additionally motivated by the warm weather.	私はここに観光目的で来たが、加えて温暖な気候にもひかれたからだ。
I felt fine at dinner but afterward got a severe stomachache.	私は夕食の時は元気だったが、その後、激しい腹痛におそわれた。
Our company exports over 2,000 tons of lumber annually.	当社は毎年 2,000 トン以上の木材を輸出している。
When her father called her to supper, she *put* her schoolwork aside.	父からの電話で夕食に誘われると、彼女は宿題をわきにやった。

0856	**thoroughly** ☐ [θə́:rouli]	副 徹底的に、全く
0857	**aboard** ☐ [əbɔ́:rd]	前 (乗り物)に乗って 副 (乗り物に)乗って ★Welcome aboard!「ご乗船[搭乗]ありがとうございます」
0858	**alongside** ☐ [əlɔ́:ŋsaid]	前 ～のそばに(沿って)；～と一緒に
0859	**concerning** ☐ [kənsə́:rniŋ]	前 ～について、～に関して ★concerned 形 心配して
0860	**increasingly** ☐ [inkrí:siŋli]	副 ますます、いよいよ ★increase 動 増加する
0861	**largely** ☐ [lá:rdʒli]	副 大部分は、主に；大いに
0862	**normally** ☐ [nɔ́:rməli]	副 (文を修飾して)いつもは、普通は；普通に、通常は ★normal 形 普通の；正常な

The concert staff inspects all bags very thoroughly.	コンサートのスタッフは、すべてのバッグを徹底的に調べる。
I wept at saying good-bye but once aboard the plane I was fine.	お別れを言う時には涙が出たが、飛行機に乗ったら元気になった。
There is a flea market alongside the river each Saturday and Sunday.	毎週土曜日と日曜日に、川沿いでフリーマーケットが開催されている。
We are still in negotiations concerning the meeting place and time.	会合の場所と時間については、まだ交渉中だ。
My homework has become increasingly difficult over the last month.	この1カ月の間に、私の宿題はますます難しくなった。
Her success is largely due to her connections.	彼女の成功は、主にコネによる。
I normally don't stay awake past 10:00 p.m.	私は普段、夜の10時過ぎまで起きていない。

重　要

ここで差がつく
重要単語 338

[0863-0931]　Level 1

[0932-1054]　Level 2

[1055-1200]　Level 3

● Level 1

CD
②18

0863 **sightseeing**
□ [sáitsì:iŋ]

名 観光、見物

0864 **beauty**
□ [bjú:ti]

名 美しさ、美；美人
★beauty salon「美容院」

0865 **fuel**
□ [fjú:əl]

名 燃料；勢いを増加させるもの

0866 **heritage**
□ [hérətidʒ]

名 遺産；伝統

0867 **impact**
□ 名 [ímpækt]
　 動 [ímpækt]

名 影響(on; upon)；衝撃；衝突
動 に影響を与える
☆アクセント注意

0868 **shoot**
□ [ʃú:t]

名 撮影；新芽
動 を撃つ；を発射する；を撮影する、の写真を
とる
☆名詞（撮影）の例が多い。

0869 **waste**
□ [wéist]

名 廃棄物；浪費
動 を浪費する

0870 **situation**
□ [sìtʃuéiʃən]

名 状況；立場
★situated形 に位置している

0871 **tradition**
□ [trədíʃən]

名 伝統、しきたり
★traditional形 伝統的な、伝統の

0872 **biography**
□ [baiágrəfi]

名 伝記
★autobiography名 自伝

0873 **childhood**
□ [tʃáildhùd]

名 子ども時代、幼少期

0874 **creativity**
□ [krì:eitívəti]

名 創造力、独創性
☆数えられない名詞

I think the best way to *go* sightseeing is by tour bus.	観光に行くベストの方法は、ツアーバスであると思う。
The beauty of the canyon drew visitors from around the world.	峡谷の美しさにより、世界中から訪問客がやってきた。
That laboratory is doing research on turning garbage into fuel.	その研究所は、ごみを燃料に変える研究をしている。
My grandmother is very proud of her Italian heritage.	私の祖母は、イタリア人の血筋であることをとても誇りに思っている。
Our latest TV commercial has had no impact *on* sales.	わが社の最新のテレビ・コマーシャルは、売り上げに影響を及ぼさなかった。
The outdoor photo shoot had to be canceled due to the rain.	屋外の写真撮影は、雨により中止されなければならなかった。
The topic of the symposium was how to dispose of *industrial* waste.	シンポジウムの話題は、産業廃棄物の処分方法だった。
After someone shouted "Fire," the situation got out of control.	誰かが「火事だ」と叫んだあと、状況は制御できなくなった。
By tradition, the bride is given to the groom by her father.	伝統によって、花嫁は彼女の父によって花婿に引き渡されます。
I enjoy reading the biographies of early pioneers in science.	私は、科学の初期の先駆者の伝記を読むことが好きだ。
After a poor childhood, he rose to become a financial success.	貧しい幼児期の後、彼は出世して経済的な成功者になった。
People say that creativity is impossible to teach.	創造力を教えるのは不可能だと言われている。

0875 **graduate**
☐ 名 [grǽdʒuət]
　 動 [grǽdʒuèit]

名 卒業生；大学院生
動 (を)卒業する(from)
★graduation 名 卒業

0876 **librarian**
☐ [laibréəriən]

名 図書館員、司書

0877 **loss**
☐ [lɔ́:s]

名 失うこと；損失；敗北；死去
★lose 動 をなくす

0878 **nation**
☐ [néiʃən]

名 国、国家；国民

0879 **prescription**
☐ [priskrípʃən]

名 処方箋(for)；処方された薬

0880 **sculpture**
☐ [skʌ́lptʃər]

名 彫刻(作品)

0881 **storm**
☐ [stɔ́:rm]

名 暴風雨；騒ぎ

0882 **van**
☐ [vǽn]

名 (箱型)小型トラック、バン、ワゴン車

0883 **attendant**
☐ [əténdənt]

名 付添人、お供；接客係、案内人
★flight attendant「(旅客機の)客室乗務員」

0884 **backpack**
☐ [bǽkpæk]

名 リュックサック、バックパック

0885 **crop**
☐ [krɑ́p]

名 作物、農作物；収穫高

0886 **depth**
☐ [dépθ]

名 深さ；奥行き
★in depth「深く掘り下げて；深さは」

0887 **failure**
☐ [féiljər]

名 失敗(of; in)；怠慢、〜しないこと(to do)

The new director is a graduate of a renowned university.	新任のディレクターは、有名な大学の卒業生である。
If you need help with your research, consult with the librarian.	あなたの研究にサポートが必要であれば、図書館員と相談してください。
He has been depressed ever since the loss of his job.	彼は失業してからずっと落ち込んでいる。
The news came as a shock and soon spread throughout the nation.	ニュースは衝撃を与え、すぐに国中に広がった。
You can *fill* this prescription at any pharmacy in the area.	地域のどの薬局でも、この処方箋の薬を出してもらえる。
A few teenagers sprayed paint on several sculptures in City Park.	数人のティーンエイジャーが City Park の彫刻数体にペンキを吹きかけた。
The scandal has created a political storm in the capital.	スキャンダルは、首都で政治的な嵐を引き起こした。
This van can seat eight passengers and still have room for luggage.	このバンは8人の乗客が座れて、さらに荷物のためのスペースがある。
Somehow the princess arrived at the banquet without any attendants.	王女はお供の者がいなかったが、どうにかして晩さん会に到着した。
I got this backpack at half-price, but it's lasted 10 years.	半額でこのバックパックを買ったが、10年もった。
The soil is not rich enough for raising crops.	土壌は、作物を育てるほど十分に豊かではない。
I lectured on Shakespeare but didn't cover him *in depth*.	シェークスピアの講義をしたが、深くはとりあげなかった。
Failure *of* the rocket launch was blamed on improper maintenance.	ロケット打ち上げの失敗は、メンテナンス不良が原因とされた。

| 0888 **force**
□ [fɔ́:rs] | 名 威力、力；暴力；影響力
動 に〜することを強いる(to *do*; into)、を押し付ける(on) |

| 0889 **habitat**
□ [hǽbitæt] | 名 生息地；居住地 |

| 0890 **object**
□ [ábdʒikt] | 名 対象；物体；目的
★objective 名 目標 |

| 0891 **population**
□ [pàpjuléiʃən] | 名 人口；住民；人々 |

| 0892 **secret**
□ [sí:krət] | 名 秘密；秘訣
形 秘密の；隠れた |

| 0893 **land**
□ [lǽnd] | 動 着陸する、(飛行機などで)到着する(at; on; in)
★landing 名 着陸 |

| 0894 **throw**
□ [θróu] | 動 (threw; thrown) を投げる；を捨てる(away)；(パーティー)を行う |

| 0895 **wrap**
□ [rǽp] | 動 を包む；を巻きつける |

| 0896 **stick**
□ [stík] | 動 (stuck; stuck) を刺す；(be stuck) 動けなくなる；くっつく(to)
★stick to「をやり続ける；に固執する；にくっつく」
stick with「を使い続ける」 |

| 0897 **lie**
□ [lái] | 動 (lay; lain) 横になる；置いてある
★lie down「横になる」 |

| 0898 **respect**
□ [rispékt] | 動 を尊重する；を尊敬する
名 尊敬；尊重
☆動詞用法が多い。 |

| 0899 **communicate**
□ [kəmjú:nəkèit] | 動 A を B に伝える(〜A to B)；情報を交換する、連絡を取る(with) |

160

His resignation from office shows the force of public opinion.

彼の辞職は世論の力を示している。

Bears are expanding their natural habitat due to lack of food.

食物の不足のために、クマは自然の生息地を拡大している。

The closet is filled with various objects, most of which we don't need.

クローゼットはいろいろな物でいっぱいだが、そのほとんどは必要としないものだ。

Population figures prior to the 20th century are mostly rough estimates.

20世紀以前の人口統計は、たいていは概算である。

That Mr. Wilson would become the next CEO was an open secret.

Wilson 氏が次の CEO になることは、公然の秘密だった。

I once saw a small plane land *on* the freeway.

かつて小型飛行機が高速道路に着陸するのを見た。

I think buying lottery tickets is like throwing money *away*.

宝くじを買うことは、お金を捨てるようなものだと思う。

I wrapped his present in plain white paper.

私は彼のプレゼントを無地の白い紙で包んだ。

If you hope to improve, make a study plan and stick to it.

上達を望むなら、勉強の計画を立てて、それを継続しなさい。

The nurse told me to remove my shoes and lie *down* on the bed.

看護婦は、靴を脱いでベッドに横になるように私に言った。

I don't always agree with him, but I certainly respect his views.

常に彼に同意するわけではないが、彼の意見を尊重することは確かだ。

We have to communicate our problems *to* headquarters.

私たちは本部に問題を伝えなければならない。

0900	**cross** [krɔ́:s]	動 を横断する、を渡る；と交差する；(腕など)を組む
0901	**enable** [inéibl]	動 (人が)〜するのを可能にする(to *do*)
0902	**examine** [igzǽmin]	動 を調べる、を診察する；を試験する
0903	**measure** [méʒər]	動 を測る；の大きさ[長さ、重さ]がある 名 (〜s) 対策、手段；(ある)程度 ☆動詞・名詞共に出題。 ★measurement 名 寸法、大きさ
0904	**pride** [práid]	動 を誇りにする(〜*oneself* on [in]) 名 誇り；自尊心 ☆動詞・名詞共に多い。 ★proud 形 誇りに思う
0905	**relieve** [rilí:v]	動 を取り除く、を和らげる；を安心させる ★relieved 形 安心した、ほっとした relief 名 安堵、ほっとさせるもの
0906	**repeat** [ripí:t]	動 を繰り返す；を繰り返して言う
0907	**roll** [róul]	動 (車の窓)を開ける(down)、(車の窓)を閉める(up)、(そでなど)を巻き上げる(up)；を転がして運ぶ；転がる
0908	**slow** [slóu]	動 (速度が)遅くなる(down)；(速度)を遅くする(down) 形 遅い、ゆっくりとした；のろい
0909	**argue** [ɑ́:rgju:]	動 …だと主張する(that ...)；を議論する；論争する(with; about)；賛成[反対]をとなえる(for; against) ★argument 名 主張；議論
0910	**contrast** 動 [kəntrǽst] 名 [kántræst]	動 対照をなす(with)；を比較する(with) 名 対照、相違 ☆アクセント注意

Don't cross the *street* until the light turns green.

信号が青になるまで、通りを横断しないでください。

This jet-powered backpack can enable a person *to* fly.

このジェットエンジン付きのバックパックで、人は飛ぶことができる。

The doctor examined the wound before treating it.

医者は傷を調べたあと、治療をした。

This new app can measure my walking speed.

この新しいアプリは、私の歩く速度を測ることができる。

The coach prides *himself in* his ability to motivate players.

コーチは、選手に動機付けする能力を誇りに思っている。

I find I can relieve stress by listening to music while I work.

仕事中に音楽を聞くことでストレスを軽減できる、ということを私はわかっている。

The announcer kept repeating the same information over and over again.

アナウンサーは、同じ情報を何度も何度も繰り返し続けた。

If you feel hot, why don't you roll *down* your window?

暑いと感じるなら、窓を開けてはいかがですか。

Whenever I visit this old village, I feel time has slowed *down*.

この古い村を訪問するといつも、時の流れが遅くなっていると感じる。

My mother argues *that* handwritten letters are warmer than email.

母は手書きの手紙のほうがEメールより温かいと主張する。

That new house contrasts sharply *with* the older ones in the neighborhood.

その新居は、近隣の古い家々と著しく異なっている。

0911	**influence** ☐ [ínfluəns]	動 に影響を与える、を左右する 名 影響(力);影響力のあるもの[人] ★influential 形 影響力の強い
0912	**prohibit** ☐ [prouhíbət]	動 A が～するのを禁止する(～A from *doing*)
0913	**surround** ☐ [səráund]	動 を囲む、を取り巻く;を包囲する ★surrounding 形 周囲の
0914	**trust** ☐ [trʌ́st]	動 を信頼する;を確信する(that ...);を頼りにする ★trustee 名 受託者;評議員
0915	**social** ☐ [sóuʃəl]	形 社会的な;社交の;社交的な
0916	**peaceful** ☐ [píːsfəl]	形 平和な、平穏な;平和的な
0917	**historical** ☐ [histɔ́:rikəl]	形 歴史上に実在する;歴史的な
0918	**honest** ☐ [ánist]	形 正直な;率直な
0919	**mechanical** ☐ [mikǽnikəl]	形 機械の;機械的な
0920	**absent** ☐ [ǽbsənt]	形 欠席の(from);欠けている(from; in; of);放心した ★absence 名 欠席
0921	**contrary** ☐ [kántreri]	形 反対の、(～に)反する(to) 名 正反対、逆 ★contrary to「～に反して」
0922	**disappointed** ☐ [dìsəpɔ́intid]	形 失望して(in; with; by; about);失望した ★disappointing 形 がっかりさせる

164

The government is worried that the recession will influence the election.

政府は不景気が選挙に影響を与えることを心配している。

A new law prohibits residents *from* smok*ing* on city sidewalks.

新しい法律は、居住者が街の歩道でたばこを吸うのを禁じる。

Mystery surrounds his entire career, including his education and family background.

教育や家庭環境を含めて、彼の経歴すべてが謎に包まれている。

I don't trust all the health products that are advertised on TV.

私はテレビで宣伝されるすべての健康製品を信頼するというわけではない。

My grandmother uses social *media* even more than I do.

私の祖母は、私よりもずっとソーシャルメディアを使用する。

A peaceful stay in the country is the best vacation for me.

田舎で静かに滞在することは、私にとって最高の休暇だ。

Scholars feel the prince was not a historical figure.

学者たちは、その王子が歴史上実在する人物ではなかったと思っている。

In court, you must give honest answers when questioned.

裁判所では、尋問されるときには正直な答えをしなければならない。

The flight was delayed due to mechanical difficulties with the aircraft.

航空機の機械的異常のために、フライトは遅れた。

His recent apology was absent *of* all sincerity.

彼の最近の謝罪には、どのような誠実さも欠けていた。

Contrary to popular superstition, black cats are not bad luck.

よく知られた迷信に反して、黒猫が不運ということはない。

After the loss, some disappointed fans asked for their money back.

敗戦の後、一部の失望したファンは返金を求めた。

| 0923 | **native** | 形 出生地の；原産の(to)；生まれつきの |
| | [néitiv] | |

| 0924 | **polite** | 形 礼儀正しい(in; to; with)；上品な |
| | [pəláit] | |

| 0925 | **surprising** | 形 驚くべき、びっくりするような |
| | [sərpráiziŋ] | ★surprisingly 副 驚くほど |

| 0926 | **abroad** | 副 海外に[へ、で]、外国に[へ、で] |
| | [əbrɔ́:d] | |

| 0927 | **clearly** | 副 はっきりと、明らかに |
| | [klíərli] | ★clear 形 わかりやすい；きれいな |

| 0928 | **downstairs** | 副 1階に、階下へ |
| | [dàunstéərz] | |

| 0929 | **personally** | 副 個人的に；(文頭で)自分の考えでは |
| | [pə́:rsənəli] | ★personal 形 個人的な |

| 0930 | **smoothly** | 副 なめらかに；順調に |
| | [smú:ðli] | |

| 0931 | **surprisingly** | 副 驚くほど、意外に；《文頭で》 驚いたことに |
| | [sərpráiziŋli] | ★surprising 形 驚くべき |

This fish is not native *to* these waters and has damaged the ecosystem.	この魚はこちらの水域固有のものでなく、生態系に打撃を与えている。
First and foremost, a server has to be polite *with* customers.	何よりもまず、接客係はお客様に礼儀正しくなければならない。
Children sometimes give surprising answers to simple questions.	子供たちは時々、単純な質問にびっくりするような答えを出す。
The first time that I *traveled* abroad, I was in high school.	最初に海外旅行をしたとき、私は高校生だった。
Mom was clearly upset with my test scores.	お母さんは、私のテストの点数で明らかに動揺していた。
The children *came* downstairs when their mother called them.	母親が子供たちを呼ぶとすぐに、彼らは1階に降りた。
I've seen her at various company functions but don't know her personally.	私は会社のいろいろな行事で彼女を見かけたが、個人的には彼女を知らない。
Our transition to new leadership has proceeded smoothly.	新しい指導体制への移行は、円滑に進行した。
The restaurant has been surprisingly successful despite its location.	レストランは、その立地にもかかわらず驚くほど成功している。

● Level 2

CD
②21

0932 **aspect**
[金spekt]

名 (物事の)側面、局面；外観；方向

0933 **atmosphere**
[金tməsfiər]

名 雰囲気；大気、空気

0934 **attempt**
[ətémpt]

名 試み、企て(at; to do)；攻撃
動 を試みる、~しようとする(to do)

0935 **celebrity**
[səlébrəti]

名 有名人；名声

0936 **cleanup**
[klí:nʌp]

名 大掃除；(悪などの)浄化(活動)

0937 **coast**
[kóust]

名 海岸、沿岸；海岸地方
★the East[West]Coast 「(米国の)東[西]海岸」

0938 **compliment**
[kámpləmənt]

名 ほめことば、賛辞；敬意を表す行動[ことば]

0939 **dairy**
[déəri]

名 乳製品製造所、乳製品販売店；酪農業
★dairy products 「乳製品」

0940 **emergency**
[imə́:rdʒənsi]

名 緊急[非常]事態
★in an emergency 「緊急時に」

0941 **entrepreneur**
[à:ntrəprəná:r]

名 起業家

0942 **explanation**
[èksplənéiʃən]

名 説明；説明書；理由

0943 **factor**
[fǽktər]

名 要素、要因(in)

One aspect of the tax increase is how it might discourage investment.
増税の一つの側面は、投資が差し控えられるかもしれないということである。

The atmosphere turned chilly after the boss heard the gossip.
うわさ話が上司の耳に入ると、雰囲気が寒くなった。

The first attempt *to* launch the satellite ended in failure.
衛星を打ち上げる最初の試みは、失敗に終わった。

His cooking shows were so popular that he gained celebrity status.
料理ショーがすごい人気で、彼は有名人の地位を得た。

Cleanup efforts cannot begin until the floodwaters fall back.
洪水が後退するまで、清掃活動を始めることができない。

The road along the coast is quite scenic.
海岸に沿った道は、とても景色が良い。

The boss rarely gives out compliments, especially to new employees.
上司はめったにほめことばを言わない。特に新入社員に対しては。

Our family dairy sells both milk and cheese.
わが家の牛乳販売店では、ミルクとチーズを販売している。

In an emergency, the most important thing is to keep calm.
緊急時において最も重要なことは、あわてないことだ。

To be a successful entrepreneur, you first need faith in yourself.
起業家で成功するために、まず自分自身に対する信頼が必要である。

His explanation of what happened was hard to believe.
何があったかという彼の説明は、信じるのが難しかった。

Good schools were a major factor *in* our deciding to move here.
良い学校がいくつかあるということが、私たちがここに引っ越すことに決めた主な要因だった。

169

0944	**foundation** [faundéiʃən]	名 基礎；財団；設立 ★found 動 を設立する

0945	**founder** [fáundər]	名 創立者

0946	**income** [ínkʌm]	名 収入、所得

0947	**intersection** [intərsékʃən]	名 交差点

0948	**introduction** [intrədʌkʃən]	名 導入；紹介(状)；まえがき ★introductory 形 紹介の、前置きの

0949	**preserve** [prizə́:rv]	名 自然保護区

0950	**profession** [prəféʃən]	名 職業、専門職 ★professional 形 専門的な、職業の

0951	**removal** [rimú:vəl]	名 除去(of; from)；解任(from)；移転 ★remove 動 を取り除く

0952	**restoration** [rèstəréiʃən]	名 修復；復旧 ★restore 動 を回復する；を修復する

0953	**soil** [sɔ́il]	名 土、土壌；土地

0954	**souvenir** [sù:vəníər]	名 記念品、みやげ(of; from)

0955	**thought** [θɔ́:t]	名 考え；気持ち；意見；意図 ★That's a thought.「それはいい考えだ」

0956	**administration** [ədmìnəstréiʃən]	名 管理、運営、行政；経営陣；政権 ★administer 動 を管理する

She began a foundation to help families with handicapped children.	彼女が財団を設立したのは、障害のある子どもを抱える家庭を助けるためだった。
The founder of this ancient school of philosophy is unknown.	この古代の哲学学派の創設者は、知られていない。
My income has increased, but so have my costs.	私の収入は増加したが、経費も増加した。
Turn right at the first intersection and then keep going straight.	最初の交差点を右へ曲がって、そして、そのまま真っすぐ進んでください。
The new edition includes an introduction by a well-known scholar.	新版には有名な学者による序文が含まれる。
You can sometimes see wolves in the wildlife preserve.	野生動物保護区では時々オオカミを見ることができる。
In the medical profession, salaries may be high, but the responsibility is huge.	医療専門職は給料は高いかもしれないが、責任は非常に大きい。
Our delivery service does not include removal *of* old appliances.	当社のデリバリー・サービスには、古い機器の撤去は含みません。
Full restoration of the castle is expected to take five years.	城の完全な修復には 5 年かかると予測される。
The floodwaters washed away much of the soil in this region.	洪水によってこの地域の多くの土壌が流された。
My dad gave me a T-shirt as a souvenir *from* his business trip.	お父さんは、出張のおみやげとして T シャツをくれた。
I haven't given her birthday gift any thought at all.	彼女の誕生日の贈り物に何の考えも浮かばない。
The bank charges an administration *fee* when account holders withdraw money.	口座を持っている人がお金を引き出すときに、銀行は管理手数料を課す。

0957 **aisle** □ [áil]	名	(乗り物や建物の中の)通路 ☆発音注意
0958 **alert** □ [əlɚːrt]	名	警戒態勢；警報 ★go on alert「警戒する」
0959 **column** □ [kάləm]	名	(新聞などの)コラム、特別寄稿欄；円柱 ☆発音注意
0960 **compartment** □ [kəmpάːrtmənt]	名	仕切られた区画[部屋]；(列車の)コンパート メント
0961 **concept** □ [kάnsept]	名	コンセプト、テーマ；概念；観念、考え
0962 **confidence** □ [kάnfədəns]	名	信頼；自信、確信 ★confident 形 自信がある
0963 **consequence** □ [kάnsəkwèns]	名	(しばしば〜s) 結果；重大性 ★consequently 副 その結果
0964 **discovery** □ [diskʌ́vəri]	名	発見；発見されたもの[人、こと] ★discover 動 を発見する
0965 **evolution** □ [èvəlúːʃən]	名	進化；発展、展開
0966 **expectation** □ [èkspektéiʃən]	名	予期(that ...)、予想；期待(of; for) ★expect 動 を予期[予想]する
0967 **flood** □ [flʌ́d]	名	洪水、浸水；氾濫 ★a flood of「〜の殺到、多数の」
0968 **gratitude** □ [grǽtətjùːd]	名	感謝(の気持ち)(to; for)
0969 **innovation** □ [ìnəvéiʃən]	名	新機軸；刷新、技術革新 ★innovative 形 革新的な

I would rather have an aisle *seat* than a window seat.	窓側の席よりむしろ通路側の席がほしい。
With each heavy rain, residents along the river *go on* flood alert.	豪雨のたびに、川沿いの居住者は洪水に警戒する。
The temple roof was supported by eight marble columns.	寺院の屋根は、8つの大理石の柱で支えられていた。
The car features a storage compartment under the rear seat.	その車は後部座席の下にある収納室を特徴とする。
Time travel is a concept that only works in science fiction.	タイムトラベルは、SF でのみ使われる概念だ。
I studied all night but I *have* no confidence that I can score well.	徹夜で勉強したが、いい点を取れる自信がない。
One consequence of rising interest rates has been increased savings.	金利上昇の一つの結果、貯蓄増加が続いている。
The entire town is excited about the recent discovery of dinosaur bones.	町中が、最近、恐竜の骨を発見したことに興奮している。
The theory of evolution centers on the idea of natural selection.	進化論の中心は、自然淘汰という考えである。
The coach confessed that he had low expectations *for* his team.	コーチは、チームへの期待は低いと打ち明けた。
The editorial has caused a flood of angry comments.	その社説によって、おびただしい数の怒りのコメントが引き起こされた。
I have nothing but gratitude *for* all my teachers in school.	学校のすべての先生方に対しては、感謝しかない。
The company eventually failed due to lack of innovation.	その会社は結局、新しいことを行わなかったために倒産した。

0970	**meadow** [médou]	名 牧草地、草地
0971	**moderator** [mádərèitər]	名 司会者、議長；仲介者
0972 CD ②23	**navigation** [nævəgéiʃən]	名 航行、航海；(自動車などの)運行指示 ★navigate 動 (を)航行する
0973	**occasion** [əkéiʒən]	名 (特別な)行事；場合；機会 ★occasionally 副 時々、時折
0974	**perspective** [pərspéktiv]	名 見方、考え方(on)；眺望、展望、見通し
0975	**scenery** [sí:nəri]	名 (集合的に) 景色；背景 ★scenic 形 景色の良い
0976	**specialty** [spéʃəlti]	名 専門、専攻；特産品、名物料理
0977	**tuition** [tjuːíʃən]	名 授業料；指導、授業
0978	**well-being** [wèlbíːiŋ]	名 幸福、繁栄；健康 ☆数えられない名詞
0979	**accomplish** [əkámpliʃ]	動 を成し遂げる
0980	**appeal** [əpíːl]	動 (心などに)訴える、興味を引く(to)；Aに〜 するよう訴える(〜 to A to do[for]) 名 訴え；魅力、アピール ★appealing 形 魅力的な
0981	**consist** [kənsíst]	動 〜から成る(of)；〜にある(in) ★consistent 形 継続的な
0982	**convince** [kənvíns]	動 A に B を納得させる(〜 A of B; that ...)；A に〜するよう説得する(〜 A to do)

The meadow is always full of flowers in the spring.	春の草原は、常に花でいっぱいである。
I would rather be a member of the discussion panel than the moderator.	私は、司会者よりむしろ討議パネルのメンバーのほうがいい。
Navigation is considered dangerous here even by experienced sailors.	航海は経験豊かな船員であっても、ここでは危険であると思われる。
We sometimes dine out *on* special occasions but typically eat at home.	特別な場合には時々外で食事をするが、通常は自宅で食べる。
Film editors offer a different perspective *on* movie-making.	映画編集者は、映画製作についてのさまざまな見方を提供する。
The harbor scenery is especially beautiful at night.	港の風景は、特に夜が美しい。
I hunted through several specialty shops to find the perfect gift.	ぴったりの贈り物を見つけるために、専門店をいろいろ探し回った。
I can't afford the tuition at the school my daughter hopes to enter.	私は娘が入学を希望する学校の授業料を都合できない。
My financial well-being depends on saving 10 percent of my salary.	私の財政的な安心は、給料の10パーセントを貯蓄することにかかっている。
I have yet to accomplish my *goal* of becoming a millionaire.	大金持ちになる目標をまだ達成していない。
I think this film will appeal *to* your sense of humor.	この映画はあなたのユーモアのセンスにアピールすると思います。
His entire body of work consists *of* three novels written over 10 years.	彼の全作品は、10年間にわたって書かれた3つの小説から成る。
His wife convinced him *to* buy a hairpiece.	彼の妻は、彼にかつらを買うように説得した。

0983	**doubt**		動 を疑う；…ではないと思う(that ...; whether
	[dáut]		[if]節)
			名 疑問、疑い、疑惑
			★no doubt「確かに；《口》たぶん」

| 0984 | **fulfill** | | 動 (要求など)を満たす；(約束など)を果たす、 |
| | [fulfíl] | | 実行する |

| 0985 | **pour** | | 動 を注ぐ；(雨が)激しく降る；大量に流れ出る |
| | [pɔ́ːr] | | ☆発音注意 |

| 0986 | **prove** | | 動 を証明する；～であるとわかる |
| | [prúːv] | | ★proof 名 証拠(品) |

| 0987 | **rank** | | 動 を(～と)評価する(as)；位置する |
| | [rǽŋk] | | |

| 0988 | **shorten** | | 動 を短くする、を縮める |
| | [ʃɔ́ːrtn] | | |

| 0989 | **struggle** | | 動 もがく、努力する；戦う；苦労して進む |
| | [strʌ́gl] | | ★struggle with「～で苦労する、と戦う」 |

| 0990 | **accompany** | | 動 (be accompanied by)が同伴する、が伴 |
| | [əkʌ́mpəni] | | う、が伴奏する；に伴う |

| 0991 | **adopt** | | 動 を採用する；を養子にする |
| | [ədɑ́pt] | | |

| 0992 | **analyze** | | 動 を分析する、を詳しく調べる |
| | [ǽnəlàiz] | | ★analysis 名 分析、解析 |

②24

| 0993 | **assume** | | 動 (責任など)を引き受ける；を当然のことと思 |
| | [əsúːm] | | う、を推測する；を仮定する(that ...) |

0994	**commit**		動 (be ～ted; ～ oneself) に専念する(to)；を
	[kəmít]		約束する；を行う；を犯す；(義務として)を
			求める
			★commitment 名 約束；責任

Most economists doubt *that* the market decline will continue.	ほとんどの経済学者は、市場の下落が続くことに疑念を抱いている。
You must pass this test in order to fulfill the course *requirements*.	科目の受講要件を満たすために、このテストに合格しなければならない。
She brought the pitcher but asked that we pour our own water.	彼女はピッチャーを持ってきたが、自分たちで水を注ぐよう求めた。
Online practice has proved effective in strengthening student grammar skills.	オンライン学習は、学生の文法力を強化することに効果的であるとわかった。
Several publications have ranked this restaurant *as* the best in town.	いくつかの出版物は、このレストランを町で最高と評価した。
His proposal to shorten the workweek will not pass.	週間労働時間を短くするという彼の提案は、承認されないだろう。
He has a large vocabulary but struggles *with* pronunciation.	彼は語彙が豊富だが、発音に苦労している。
The king and queen *were* accompanied *by* several bodyguards.	王と女王には、数人のボディーガードが同行していた。
The current tax law was adopted 30 years ago and is now outdated.	現在の税法は 30 年前に採用されたもので、今では時代遅れだ。
They say fortune-tellers can predict the future by analyzing tea leaves.	占い師は紅茶の葉を分析することによって将来を予測することができると言われている。
He will assume responsibilities as director from the first of next month.	彼は来月 1 日からディレクターとしての責任を引き受ける。
The school *is* committed *to* improving student test scores in all subjects.	学校は、すべての科目で学生のテストスコアが伸びるよう尽力している。

0995 congratulate
[kəngrǽtʃulèit]

動 A を B のことで祝う（～A on B）
★congratulation 名（～s）祝い

0996 consume
[kənsúːm]

動 を消費する；を食べる、を飲む

0997 deserve
[dizə́ːrv]

動 に値する、にふさわしい（to do）

0998 devote
[divóut]

動 A を B にささげる、A を B に割く（～ A to B）；に専念する（～ oneself to; be ～d to）

0999 divide
[diváid]

動 A を分割して B にする（～ A into B）；を隔てる（from）

1000 eliminate
[ilímənèit]

動 を除去する、を排除する（from）

1001 entertain
[èntərtéin]

動 を楽しませる；をもてなす

1002 flow
[flóu]

動 流れる、循環する
名 流れ、流出、流入；供給（量）

1003 insist
[insíst]

動 （を）言い張る、（を）強く主張する（that ...; on）

1004 mount
[máunt]

動 を取り付ける（on）；（自転車など）に乗る

1005 observe
[əbzə́ːrv]

動 （規則など）を守る；（祝日）を祝う；を観察する

1006 prevent
[privént]

動 A が～するのを妨げる（～ A from doing）；を妨げる、を妨害する

1007 regret
[rigrét]

動 を後悔する；を遺憾に思う、残念ながら～する（to do）
名 後悔、残念；悲しみ
☆動詞用法が多い。

She called to congratulate me *on* my engagement.

彼女は私の婚約についてお祝いを言うために電話してきた。

A blue whale can consume more than 3,000 kilograms of food per day.

シロナガスクジラは、1 日につき 3,000 キロ以上の食物を食べることがある。

She deserves a medal for putting up with a husband like Tom.

Tom のような夫を我慢するとは、彼女はメダルを受けるに値する。

The new director *is* devoted *to* improving the quality of company products.

新任のディレクターは、会社の製品の品質を改善することに没頭している。

The teacher divided the class *into* four groups.

先生は、クラスを 4 つのグループに分けた。

One by one, the police inspector eliminated the possible suspects.

一人ずつ、警部は可能性のある容疑者を排除した。

My mother is a good cook and enjoys entertaining guests.

母は料理が得意で、客をもてなすのが好きだ。

Tears flowed *down* her face throughout the movie.

映画を見ているあいだずっと、涙が彼女の顔を流れ落ちた。

They invited our entire family, but my daughter insisted *on* staying home.

彼らは私たち家族の全員を招いたが、私の娘は家にいると言い張った。

He had various hunting trophies mounted *on* his walls.

彼は、狩りのいろいろなトロフィーを壁に据え付けていた。

My wife's family observes even small holidays, but mine does not.

妻のほうの家は小さな祝日でも祝うが、私の家ではそうしない。

We cannot prevent our cat *from* jump*ing* on the table.

猫がテーブルに跳び乗ることを防ぐことはできない。

They apologized and said they regretted the *inconvenience* with my flight.

彼らは謝罪して、フライトでの不便をお詫び申し上げますと言った。

1008	**reject** [ridʒékt]	動 を拒絶する；を否認する；を不合格にする； を捨てる
1009	**rely** [rilái]	動 頼る、信頼する(on; upon) ★reliable 形 信頼できる
1010	**settle** [sétl]	動 を解決する；(に)移り住む；落ち着く(in) ★settle on「を決定する」
1011	**translate** [trǽnsleit]	動 を翻訳する(from; into)；を移す；を変化さ せる(into)
1012	**alike** [əláik]	形 似ている 副 同じように
1013	**eager** [íːgər]	形 (be 〜)(〜したいと)熱望して(for; to do)； 熱心な
1014	**emerging** [imə́ːrdʒiŋ]	形 新たに出現[発生]した；新興の
1015	**impressive** [imprésiv]	形 感動的な；印象的な ★impress 動 を感動させる
1016	**loyal** [lɔ́iəl]	形 誠実な；忠実な
1017	**normal** [nɔ́ːrməl]	形 普通の；正常な ★normally 副 いつもは、普通は
1018	**precise** [prisáis]	形 正確な；綿密な
1019	**preliminary** [prilímənèri]	形 予備的な、準備の
1020	**primary** [práimeri]	形 最初の；主要な ★secondary 形 2番目の

CD
③01

Most authors have their work rejected many times before succeeding.	ほとんどの作家は、仕事が成功するまでに何度も断られる。
A team that relies on only one good player usually doesn't win.	1人の優れたプレーヤーだけに頼るチームは、通常勝たない。
I moved last month but haven't really settled in yet.	私は先月引っ越したが、まだあまり落ち着いていない。
He was not able to translate his hard work *into* success.	彼は一生懸命働いたが、成功に変えることができなかった。
The twins may *look* alike, but their personalities are very different.	その双子は似て見えるかもしれないが、性格は非常に異なっている。
I *am* eager *to* study abroad next year.	私は、来年ぜひ留学したい。
Emerging medical technologies may add years to the human life span.	新たに生まれた医療技術は、人間の寿命を何年も延ばすかもしれない。
That the team refused to give up was impressive.	そのチームが負けを認めることを拒否したことは、印象的だった。
Even the most loyal fans would like to see the head coach replaced.	最も忠実なファンでさえ、ヘッドコーチが替えられるのを見たいと思う。
We had to suspend normal services due to the power failure.	当社は停電のために通常のサービスを停止しなければならなかった。
He apologized because his answer was not so precise.	答えがそれほど正確でなかったので、彼は謝罪した。
The preliminary interview will decide the final five candidates for the job.	事前の面接によって、その仕事の最終候補5人が決まる。
The survey cites online competition as the primary reason for lower sales.	その調査が低い売上高の主要な理由としてあげているのは、インターネットにおける競争である。

181

| 1021 | **rewarding** | 形 価値のある、やりがいのある |
| | [riwɔ́:rdiŋ] | |

| 1022 | **rough** | 形 粗い；大まかな；乱暴な |
| | [rʌ́f] | |

| 1023 | **rural** | 形 農村の、田舎の |
| | [rúərəl] | |

| 1024 | **scientific** | 形 科学的な；(自然)科学の |
| | [sàiəntífik] | |

| 1025 | **acceptable** | 形 受け入れられる、容認できる(to) |
| | [əkséptəbl] | ★accept 動 (を)受け入れる |

| 1026 | **alternative** | 形 選択しうる；代わりの；新しい |
| | [ɔːltə́:rnətiv] | ★alternate 形 一つおきの、交互の |

| 1027 | **amusing** | 形 面白い、ゆかいな |
| | [əmjú:ziŋ] | |

| 1028 | **botanical** | 形 植物の、植物学の |
| | [bətǽnikəl] | ★botanical garden「植物園」 |

| 1029 | **brand(-)new** | 形 新品の、真新しい |
| | [brǽn(d)njú:] | |

| 1030 | **disposable** | 形 使い捨ての；自由に使える |
| | [dispóuzəbl] | |

| 1031 | **domestic** | 形 国内の、自国の；家庭の |
| | [dəméstik] | |

| 1032 | **essential** | 形 非常に重要な(for; to)；本質的な |
| | [isénʃəl] | |

| 1033 | **household** | 形 家庭(用)の、家族の |
| | [háushòuld] | |

Studying abroad was a rewarding experience that I will never forget.	留学したことは、決して忘れられない価値ある経験だった。
She showed a rough draft of her proposal to a few friends.	彼女は提案の大まかな草稿を数人の友人に示した。
The trade war has been especially hard on rural communities.	貿易戦争は、特に農村地域にとって苛酷だった。
The scientific community was surprised by the recent discovery.	科学界は、最近の発見に驚いた。
Politicians have been unable to reach an acceptable compromise on the tax proposal.	政治家たちは課税提案に関して、受け入れられる妥協点に達することができなかった。
Moving closer to work would be an alternative solution to my commuting problem.	職場の近くに引っ越すことは、通勤上の問題に対する別の解決策だ。
He doesn't write often, but his mail is always amusing.	彼はあまり書かないが、メールは常に面白い。
The botanical *gardens* will be closed through the winter holidays.	植物園は、冬休みを通して閉鎖される。
Her dress was old, but her jacket was brand-new.	彼女のドレスは古かったが、ジャケットは真新しかった。
The hotel provides disposable razors but not shaving cream.	ホテルは使い捨てカミソリを提供するが、シェービングクリームは提供しない。
Domestic beers cost far less than the imported varieties.	国内ビールは、輸入された各種ビールよりずっと安い。
The essential ingredient in most Italian dishes is tomato.	大部分のイタリア料理において、非常に重要な材料はトマトである。
This cleanser is too strong for general household use.	このクレンザーは、一般家庭用としてはあまりに強い。

183

CD
③:02

1034	**inconvenient** [ìnkənvíːniənt]	形 不便な、都合が悪い、迷惑な(for; to)
1035	**lifetime** [láiftàim]	形 一生の、生涯の
1036	**negative** [négətiv]	形 有害な;否定の;消極的な;負の ☆反意語は positive「良い;肯定的な」
1037	**opposite** [ápəzit]	形 反対側の、向き合った、逆の
1038	**ordinary** [ɔ́ːrdənèri]	形 並の;普通の;常勤の
1039	**relevant** [réləvənt]	形 関連した;適切な
1040	**secondhand** [sékəndhænd]	形 中古の
1041	**streamlined** [stríːmlàind]	形 流線型の;合理化[能率化]された;最新式の
1042	**up-to-date** [ʌ́ptədéit]	形 最新の;最新式の
1043	**urban** [ɔ́ːrbən]	形 都市の、都会の ☆反意語は rural「田舎の」
1044	**apart** [əpáːrt]	副 離れて;ばらばらに;別にして ★tell ... apart「(2 つのもの)を見分ける」
1045	**effectively** [iféktivli]	副 効果的に;事実上 ★effective 形 効果的な
1046	**eventually** [ivéntʃuəli]	副 ついに、結局

Classes on Christmas Eve are inconvenient *for* many students.	クリスマスイブの授業は、多くの学生にとって迷惑だ。
He received a lifetime achievement award for his work in education.	彼は、教育における尽力に対して生涯（の）功労賞を受けた。
The movie has received mostly negative reviews, yet I enjoyed it.	その映画は大部分は否定的な評価を受けたが、私は映画を楽しんだ。
She hung pictures of her two boyfriends on opposite walls.	彼女は向かい合った壁に、2人のボーイフレンドの写真を掛けた。
It was just an ordinary day until the earthquake struck.	地震が襲うまでは全く普通の日だった。
For their essay, students must write on a relevant topic in modern society.	小論文として、学生は現代社会に関連した話題について書かなければならない。
To me, secondhand books are just as good as new ones.	私にとって、古本は新品の本と全く同じぐらい良い。
The car's streamlined appearance is one of its main marketing points.	そのクルマの流線型の外観は、主な売りどころの一つだ。
The station keeps broadcasting up-to-date information on the election results.	局は選挙結果に関する最新の情報を放送し続けている。
Wildlife has been entering urban areas in search of food.	野生動物は、食べ物を探して都市部に入ってきている。
Except for their titles, it's hard to *tell* his first two books apart.	本のタイトルは別にして、彼の最初の2冊を見分けるのは難しい。
The injury effectively ended the player's season in the very first game.	けがは、その選手のシーズンを一番最初のゲームで事実上終わらせた。
I eventually agreed with his opinion, though at first I was against it.	最初はそれに反対だったが、結局、私は彼の意見に賛成した。

1047 **heavily** □ [hévili]	副 大量に；大きく、とても
1048 **lastly** □ [lǽstli]	副 (文頭で) 最後に
1049 **slightly** □ [sláitli]	副 わずかに、少し
1050 **aloud** □ [əláud]	副 声を出して
1051 **commonly** □ [kámənli]	副 一般に、通常
1052 **consequently** □ [kánsəkwèntli]	副 その結果、結果的に ★consequence 图 結果
1053 **extremely** □ [ikstrí:mli]	副 極めて、極度に
1054 **financially** □ [finǽnʃəli]	副 金銭的に、経済的に、財政的に ★finance 图 財政 financial 形 金銭的な

For living expenses, I depend heavily on income from my part-time job.	生活費について、私はアルバイトの収入に大きく依存している。
Lastly, I want to conclude by thanking all who attended tonight's event.	最後に、今夜のイベントに出席された皆さまに感謝申し上げてごあいさつを終わらせていただきます。
Temperatures are slightly higher than last year at this time.	温度は、昨年のこの時期よりわずかに高い。
The teacher *read* the test results aloud in front of everyone.	先生は、みんなの前で声を出して試験結果を読んだ。
These flowers have a scientific name, but are commonly called "bluebells."	この花には学名があるが、一般的に bluebells と呼ばれている。
I encountered slow traffic on the freeway and was consequently late for class.	高速道路の渋滞に遭遇し、その結果、授業に遅れた。
My father was extremely upset with my spring examination scores.	父は私の春のテストの点数にとても動揺していた。
He's financially secure but has no interest in retiring.	彼は経済的に安定しているが、引退することに関心がない。

● Level 3

CD
③03

1055 **autograph**
□ [ɔ́ːtəgræf]

名 (有名人の)サイン；自筆原稿
★sign 名 標語；合図
　signature 名 署名、サイン

1056 **basement**
□ [béismənt]

名 地階、地下室

1057 **basis**
□ [béisis]

名 (bases) 基礎；原理、基準；根拠
★on a regular basis「定期的に、常に」

1058 **bulletin**
□ [búlətn]

名 掲示、公報；ニュース；会報
★bulletin board「掲示板」

1059 **commitment**
□ [kəmítmənt]

名 約束；責任；深い関与
★commit 動 に専念する

1060 **dedication**
□ [dèdikéiʃən]

名 専心、献身(to)
★dedicate 動 をささげる、専念する

1061 **distribution**
□ [dìstrəbjúːʃən]

名 分配、配布、配送；分布
★distribute 動 を配る、を配達する

1062 **doorway**
□ [dɔ́ːrwèi]

名 出入り口、戸口

1063 **employer**
□ [implɔ́iər]

名 雇用主
★employ 動 を雇用する

1064 **enthusiast**
□ [inθúːziæst]

名 熱中している人、熱心な人、ファン
★enthusiastic 形 熱心な

1065 **establishment**
□ [istǽbliʃmənt]

名 設立；組織、施設、店舗；支配層
★establish 動 を設立する

1066 **flexibility**
□ [flèksəbíləti]

名 柔軟性；適応性
★flexible 形 融通のきく、柔軟な

1067 **incentive**
□ [inséntiv]

名 動機、(行動への)誘因；優遇措置、奨励金

Autographs that he once signed for 50 cents now go for 5,000 dollars.	彼がかつて50セントで署名したサインは、今では5,000ドルの値がつく。
During high winds, the safest place in the house is the basement.	強風の間、家で最も安全な場所は地階だ。
During rush hour, train delays occur on a regular basis.	ラッシュアワーのときには、電車遅れが常に起こる。
The office bulletin *board* has a notice about a free concert.	オフィスの掲示板には、無料コンサートの知らせがある。
I said I might attend her party but *made* no commitment.	私は彼女のパーティーに出席するかもしれないと言ったが、約束はしなかった。
His earnest dedication *to* his students was well-known.	彼の生徒に対する真摯な献身はよく知られていた。
There is an unequal distribution of wealth in the world.	世界には富の不平等な分配がある。
The doctor hung his nameplate above the doorway to his office.	医者はネームプレートをオフィスの入口の上に掛けた。
The shoe factory is the largest employer in the district.	くつ工場は、地域で最大の雇用主である。
A true golf enthusiast would play in this weather.	真のゴルフファンなら、この天気でもプレーするだろう。
The establishment of a railway line helped the area develop rapidly.	電車路線の設置により、地域が急速に発達することができた。
The new prime minister shows no flexibility or willingness to compromise.	新しい首相は、妥協する柔軟性や意欲を示さない。
The amount of vacation time was my main incentive in joining this company.	休暇の総日数は、この会社に入社した際の主な動機だった。

189

1068	**inn** [ín]	名 (地方の)宿屋；ホテル
1069	**lid** [líd]	名 ふた
1070	**maximum** [mǽksəməm]	名 最大量[限、数]、最高点 形 最大限の、最大の ☆反意語は minimum
1071	**measurement** [méʒərmənt]	名 寸法、大きさ、長さ、高さ；測定 ★measure 動 を測る
1072	**operator** [ápərèitər]	名 電話交換手；操作者；経営者 ★operate 動 (機械が)作動する
1073	**outcome** [áutkʌm]	名 (通常単数形) 結果、成果(of)
1074	**packaging** [pǽkidʒiŋ]	名 包装、荷造り
1075	**path** [pǽθ]	名 小道；通り道
1076	**patience** [péiʃəns]	名 我慢(強さ)、忍耐 ★patient 名 患者
1077	**pickup** [píkʌp]	名 小型トラック(pickup truck)；拾い上げること、(人を)車に乗せること、集配
1078	**popularity** [pàpjulǽrəti]	名 人気、評判
1079	**postage** [póustidʒ]	名 郵便料金 ☆数えられない名詞
1080	**recruiter** [rikrú:tər]	名 採用担当者 ★recruit 動 に新会員[社員]を入れる

CD
③04

We stayed overnight at an inn near the freeway.	私たちは、高速道路の近くの宿に一晩滞在した。
I can't find the lid to this bottle.	このびんのふたを見つけることができない。
Students are allowed a maximum of three tries for each online problem.	学生は、オンラインの問題ごとに最大で3回受けることが許される。
Profit is not the only measurement of success.	利益は、成功を測る唯一の物差しではない。
It's difficult to find skilled machine operators these days.	この頃は熟練した機械操作員を見つけることは難しい。
The cold temperatures might influence the outcome of today's game.	冷えた温度は、今日のゲームの結果に影響するかもしれない。
My sister works in the company's packaging section.	私の姉は会社の包装部門で働いている。
The hikers followed a well-used path in the forest.	ハイカーは、森の中のよく利用される小道をたどった。
We appreciate your patience and hope the delay will not last much longer.	ご辛抱に感謝申し上げます（＝ お待たせして申し訳ありません）が、遅れはそれほど長く続かないと存じます。
The trash pickup in our neighborhood is quite irregular.	近所のごみの回収は、全く不規則だ。
His popularity has declined steadily over the years.	彼の人気は、長年にわたって着実に落ちた。
The postage amount was higher than what I paid for the greeting card.	郵便料金の合計は、グリーティングカード代よりも高かった。
Enthusiasm is a quality every recruiter wants to see in an applicant.	熱意は、どの採用担当者もみな、応募者に見たいと思う資質だ。

1081	**retailer**	名 小売業者
☐	[ríːteilər]	★retail 形 小売りの

1082	**shipping**	名 発送；送料；船積み
☐	[ʃípiŋ]	

1083	**token**	名 記念（品）；しるし、証拠
☐	[tóukən]	★as a token of「～のしるし［証拠］として」

1084	**trainee**	名 見習社員、研修生
☐	[treiníː]	

1085	**transition**	名 移り変わり、移行（from; to）
☐	[trænzíʃən]	★transit 名 輸送；通過

1086	**accommodation**	名 （米では～s）宿泊施設；順応；妥協
☐	[əkàmədéiʃən]	★accommodate 動 を収容する

1087	**adjustment**	名 調整、調節；適応
☐	[ədʒʌstmənt]	★adjust 動 適合する、順応する

1088	**anticipation**	名 予想；期待
☐	[æntisəpéiʃən]	★anticipate 動 を予期する

1089	**applause**	名 拍手、拍手かっさい
☐	[əplɔ́ːz]	★a round of applause「一斉にわき起こる拍手」

1090	**asset**	名 役立つ人［もの］、長所（to）；（～s）資産、財産、貴重品
☐	[æset]	

1091	**characteristic**	名 特徴、特質、特色
☐	[kæ̀riktərístik]	

1092	**conflict**	名 衝突；不一致、矛盾；紛争
☐	[kánflikt]	

1093	**counsel**	名 助言；協議
☐	[káunsəl]	動 に助言する

Local retailers cannot compete with the convenience of online merchants.

地元の小売店は、ネット販売店の便利さと競争することはできない。

The shipping fee is higher than the price of the actual product.

輸送料金は、実際の製品価格より高い。

I was presented with a gift certificate as a token of their appreciation.

彼らの感謝のしるしとして、ギフト券をもらった。

Trainees are expected to work alongside regular employees.

見習社員は正社員と協力して働くことを期待されている。

The transition from child to adult takes years.

子供から大人への移行には、何年もかかる。

Accommodations near the airport are easy to get, even on short notice.

空港近くの宿泊設備は、間際に連絡しても取るのが簡単だ。

After years in the city, life in the country has been a big adjustment.

町に何年もいた後では、田舎の生活に順応するのは大変だった。

The release of her next album is being awaited with much anticipation.

彼女の次のアルバムの発売は、大きな期待で待ち望まれている。

When his name was announced, everyone stood and offered applause.

彼の名前が告げられると、みな立ち上がって拍手をした。

If he cannot remain healthy, he is no longer an asset to the team.

健康でいられないなら、彼はもはやチームにとって貴重な人材ではない。

Her good humor is her most attractive characteristic.

彼女の陽気さは、彼女の最も魅力的な特徴だ。

The judge refused to hear the case due to a conflict of interest.

裁判官は、利益相反のために審理を開くことを拒否した。

I told him to seek the counsel of a good lawyer.

私は、良い弁護士の助言を求めるように彼に言った。

1094	**earning**	名 (〜s)所得、収入
☐	[ə́ːrniŋ]	★earn 動 を稼ぐ

1095	**election**	名 選挙(for; to)
☐	[ilékʃən]	

CD ③05

1096	**excess**	名 過度；超過分；度が過ぎた行為
☐	[iksés]	★in excess of「〜を超過して[た]」
		excessive 形 過度の

1097	**exposition**	名 博覧会；説明
☐	[èkspəzíʃən]	★expose 動 を(日光などに)さらす

1098	**hospitality**	名 接待、もてなし、歓待
☐	[hὰspətǽləti]	

1099	**infrastructure**	名 社会基盤、社会の基本的施設(道路・鉄道・
☐	[ínfrəstrʌ̀ktʃər]	水道など)

1100	**insight**	名 洞察(力)、見識(into; about)
☐	[ínsàit]	

1101	**landlord**	名 大家、家主
☐	[lǽn(d)lɔ̀ːrd]	

1102	**manuscript**	名 原稿；写本
☐	[mǽnjuskrìpt]	

1103	**poll**	名 世論調査；投票(数)
☐	[póul]	

1104	**presence**	名 面前；存在；出席
☐	[prézns]	★in the presence of「〜の面前で」
		present 動 を発表する

1105	**projection**	名 予測；見積もり
☐	[prədʒékʃən]	★project 名 事業計画

Our corporate earnings have risen for five years in a row.

当社の収益は、5年連続して伸びた。

I lost the election *for* homeroom president by one vote.

私は1票差で学級委員長選挙に負けた。

Vehicles in excess of two tons are not allowed on this road.

2トンを上回る車両は、この道路では禁止されている。

The site for the trade exposition has yet to be determined.

通商博覧会の会場は、まだ決定されていない。

Employees in the hospitality industry must be attentive to customer needs.

接客業の従業員は、顧客ニーズに注意を払わなければならない。

Not much tax money goes to infrastructure such as road and bridge repair.

道路や橋の修理のような社会基盤に使われる税金は、それほど多くはない。

The retiring police chief had interesting insights *into* the problems of the justice system.

まもなく引退する警察署長には、司法制度の諸問題に対する面白い見識があった。

I complained to the landlord about the noise in the apartment above me.

私は上の部屋の騒音について大家に苦情を言った。

We discovered his final manuscript in a secret drawer in his desk.

われわれは、机の秘密の引き出しから彼の最終原稿を発見した。

A good politician must always pay attention to *opinion* polls.

良い政治家は、常に世論調査に注意を払わなければならない。

Jim was reluctant to speak *in the presence* of his boss.

Jimは、上司の面前で話すのを嫌った。

Sales projections are difficult to calculate due to the new tax laws.

販売予測は、新しい税法のために計算するのが難しい。

1106	**qualification** ☐ [kwɑ̀ləfikéiʃən]	图 (通例～s) 資格、技能(for; to *do*); 条件、制限 ★qualify 動 に資格を与える
1107	**questionnaire** ☐ [kwèstʃənéər]	图 アンケート(用紙)、質問(書)
1108	**stationery** ☐ [stéiʃənèri]	图 文房具、事務用品 ☆数えられない名詞
1109	**tactics** ☐ [tǽktiks]	图 戦術、作戦
1110	**transit** ☐ [trǽnsət]	图 輸送;通過;輸送機関 ★transition 图 移り変わり、移行
1111	**adapt** ☐ [ədǽpt]	動 適応する(to);を適合させる(for; to *do*)、に翻案する(for; into)
1112	**attribute** ☐ [ətríbjuːt]	動 ～の原因を(～の)せいにする(to)
1113	**compensate** ☐ [kámpənsèit]	動 に対価を支払う(for);に償う(for)
1114	**compile** ☐ [kəmpáil]	動 を編集する、を作成する、をまとめる(from; for)
1115	**designate** ☐ [dézignèit]	動 *A* を *B* に指名[指定]する(～ *A* as[for] *B*) ★designated 形 指定された
1116	**discard** ☐ [diskάːrd]	動 を捨てる、を放棄する
1117	**educate** ☐ [édʒukèit]	動 を教育する;(能力など)を養う ★education 图 教育 educational 形 教育的な

She lacks the academic qualifications *for* a full-time teaching position.	彼女は、フルタイムの教職に対する学歴資格が欠如している。
The airline presented an online questionnaire in regard to passenger satisfaction.	航空会社は、乗客の満足感についてのインターネット・アンケートを提示した。
The mall has almost every kind of shop except a stationery store.	そのショッピングモールには、文房具店以外のほとんどあらゆる種類の店がある。
Our rival company is using our own marketing tactics against us.	うちのライバル会社は、当社に対してわれわれ独自のマーケティング戦術を使用している。
The transit center has a backup generator in case of power failures.	乗り換えセンターは、停電に備えて予備発電機を持っている。
Fruit trees cannot adapt *to* the rocky soil in this area.	果樹はこの地域の岩だらけの土壌に適していない。
The doctor attributed the pain in my feet *to* improper footwear.	医者は、私の足の痛みの原因を、不適当な履物のせいにした。
He has yet to be compensated *for* his work.	彼はまだやった仕事の対価を支払われていない。
It's my task to compile customer data *for* the marketing section.	マーケティング課のために顧客データをまとめることは、私の仕事だ。
Mr. Adams has been designated *as* Ms. Smith's replacement while she's on leave.	Smith さんの休暇中、Adams さんは Smith さんの代理に指名された。
People say tons of food are discarded every day.	膨大な食物が毎日廃棄されていると言われている。
Most people have been educated not to believe in superstition.	大部分の人々は、迷信を信じないように教育されている。

1118 **exclude** □ [iksklú:d]	動 を除く、を除外する(from) ★exclusive 形 独占的な	

| 1119 **expose**
□ [ikspóuz] | 動 A を B にさらす、A に B を経験させる(〜A
to B);を露出させる
★exposure 名 さらされていること |

| 1120 **identify**
□ [aidéntəfài] | 動 を(同一であると)確認する(with);の身元を
確認する;を特定する
★identification 名 身分[身元]を証明できるも
の |

| 1121 **quote**
□ [kwóut] | 動 を引き合いに出す(as);を引用する(from)
名 引用文[語句](from) |

| 1122 **transform**
□ [trænsfɔ́:rm] | 動 を変化させる(from; to; into)
★transformation 名 変化、変身 |

| 1123 **devise**
□ [diváiz] | 動 を考案する、を立案する |

| 1124 **disrupt**
□ [disrápt] | 動 を混乱させる;を継続不可能にする
★disruption 名 混乱;途絶 |

| 1125 **encounter**
□ [inkáuntər] | 動 (問題など)に遭遇する、に会う、に直面する |

| 1126 **facilitate**
□ [fəsílətèit] | 動 を促進する、を助長する |

| 1127 **minimize**
□ [mínimàiz] | 動 を最小限にする;を軽視する
★minimum 形 最低限[最小限]の |

| 1128 **owe**
□ [óu] | 動 A(もの・こと)は B(人・もの)のおかげであ
る(〜 A to B);A(人)に B(金額)の借金があ
る(〜 B to A) |

| 1129 **prompt**
□ [prámpt] | 動 A に〜するよう促す(〜 A to do);を誘発す
る |

First-year students are excluded *from* applying for this scholarship.	1年生は、この奨学金を申し込むことから除外される。
Moving to the city exposed him *to* a number of bad influences.	都会へ引っ越したことで、彼は多くの悪影響を受けた。
The witness says she can identify the man who caused the accident.	目撃者は、事故の原因となった男を特定することができる、と言っている。
The president was quoted *as* saying he opposed the tax plan.	大統領が税制プランに反対すると語ったことが引き合いに出された（＝ 報道された）。
The magician claimed he could transform plastic *into* gold.	魔術師は、プラスチックを金に変えることができると主張した。
We need to devise some solution for the labor shortage.	労働者不足に対し何らかの解決策を考案する必要がある。
The game was disrupted by a dog running loose on the field.	試合はフィールドの上を走り回る犬によって続けられなくなった。
Scientists say spaceships to Mars will encounter heavy radiation.	科学者は、火星への宇宙船は強い放射線に遭遇すると言う。
This wildlife film usually facilitates great class *discussion*.	この野生動物映画は、たいていクラスの議論を助長する。
I don't want to minimize your *effort*, but your paper is not satisfactory.	あなたの努力を軽視したくはありませんが、あなたのレポートは満足できるものではありません。
I owe my success *to* the support I've received from family.	私の成功は、家族から受けたサポートのおかげだ。
My recent traffic accident prompted me *to* write to the Safety Commission.	私の最近の交通事故によって、安全委員会に手紙を書くことが促された。

1130	**refurbish** [rifə́:rbiʃ]	動 を一新する、を修理する、を改造する
1131	**remark** [rimá:rk]	動 (…ということ)を言う(that ...)；に気付く
1132	**simplify** [símpləfài]	動 を単純化する、を簡単にする
1133	**substitute** [sʌ́bstətjù:t]	動 (〜A for B) A を B の代わりに使う；代理を務める(for) 名 代理品、代理人
1134	**suspend** [səspénd]	動 (be 〜ed) つるされている(from)；を停職にする；を中断[停止]する
1135	**withstand** [wiðstǽnd]	動 (withstood; withstood) に耐える
1136	**aspiring** [əspáiəriŋ]	形 〜をめざしている、〜になろうとしている、〜志願の
1137	**beneficial** [bènəfíʃəl]	形 役に立つ、有益な ★benefit 名 利益、恩恵
1138	**carry-on** [kǽriàn]	形 機内持ち込みの 名 機内持ち込み(の手荷物)
1139	**complicated** [kámpləkèitid]	形 複雑な、込み入った
1140	**critical** [krítikəl]	形 重大な；批判的な(of)；危篤の ★critic 名 批評家
1141	**crucial** [krú:ʃəl]	形 致命的な、極めて重大な；決定的な
1142	**disappointing** [dìsəpóintiŋ]	形 がっかりさせる、期待外れの ★disappointed 形 失望して

CD
③07

His hobby is to refurbish old cars and then sell them.	彼の趣味は古い車を修理することで、さらにその車を販売する。
My mother remarked *that* she had never seen such a beautiful sunset.	そんなに美しい夕焼けをそれまで見たことがなかった、と母は言った。
Unless he simplifies his proposal, it won't be accepted.	彼が提案を単純化しない限り、それは受け入れられない。
I often substitute soy milk *for* whole milk when cooking.	料理をするとき、しばしば全乳の代わりに豆乳を使う。
A welcome banner *was* suspended *from* the top of City Hall.	歓迎ののぼりが、市庁舎の最上部から下がっていた。
Politicians must be able to withstand criticism from the opposition.	政治家は、反対する者からの批判に耐えることができなければならない。
The fashion show will feature aspiring models from the local community.	そのファッションショーは、地元地域のモデル志望者を売り物にするつもりである。
There may be beneficial effects from drinking red wine in moderation.	適度に赤ワインを飲むことで、有益な影響があるかもしれない。
Carry-on *baggage* is usually all that I take when I fly.	飛行機に乗るときに私が持って行くのは、通常、機内持ち込みの手荷物だけだ。
The procedure wasn't complicated, but I had to be hospitalized for a week.	医療処置は難しくはなかったが、私は1週間入院しなければならなかった。
Clean drinking water is a critical need in the disaster area.	きれいな飲料水は、被災地域において非常に必要なものだ。
His fielding error was the crucial *mistake* of the game.	彼の守備エラーは、ゲームの致命的なミスだった。
After all our practice, the results of the game were disappointing.	あんなに練習したのに、どのゲーム結果も期待外れだった。

1143	**diverse** [dəvə́:rs]	形 多様な、さまざまな
1144	**editorial** [èdətɔ́:riəl]	形 編集(上)の；社説の 名 社説
1145	**existing** [igzístiŋ]	形 既存の、現在の ★exist 動 存在[実在]する
1146	**fragile** [frǽdʒəl]	形 ひ弱な、壊れやすい
1147	**influential** [ìnfluénʃəl]	形 大きな影響を与える、影響力の強い ★influence 名 影響(力)
1148	**interactive** [ìntərǽktiv]	形 相互に作用する；双方向性の
1149	**minor** [máinər]	形 (けがなどが)軽い；重要でない；小さいほうの ☆反意語は major
1150	**proper** [prápər]	形 適切な；正しい；固有の ★properly 副 適切に
1151	**rear** [ríər]	形 後部の、後方の 名 後部、裏
1152	**routine** [ru:tí:n]	形 決まりきった、所定の 名 いつもしている仕事、日課
1153	**sincere** [sinsíər]	形 心からの、誠実な、正直な
1154	**steady** [stédi]	形 固定された、しっかりした；一定の；継続的な ★steadily 副 着実に、絶えず
1155	**strategic** [strətí:dʒik]	形 戦略(上)の；戦略上重要な ★strategy 名 戦略、策略

The students in this class have diverse backgrounds.	このクラスの学生は、多様な背景を持っている。
Our editorial staff evaluates the top news items of each day.	当社の編集スタッフは、毎日いろいろなトップニュース記事を評価する。
The existing laws are outdated and need to be changed.	現行法は時代遅れなので、改正の必要がある。
It's not wise to pack fragile items in your luggage.	壊れやすいものを荷物に詰めることはおろかだ。
Public opinion was an influential factor in his resignation.	世論は、彼の辞任において大きな影響を与えた要因だった。
The children's museum is known for its interactive displays.	子供博物館は、インタラクティブな展示で知られている。
Until this latest film, she has had only minor roles.	この最新映画まで、彼女は小さな役しかもらわなかった。
It's impossible to repair a car without proper tools.	適当な道具なしで車を修理することは不可能だ。
The new design increased the size of the automobile's rear window.	新しいデザインによって、自動車の後部ウインドーのサイズが大きくなった。
The website is down due to routine maintenance.	このウェブサイトは、定期保守点検のため停止している。
Many fourth-year students are showing sincere interest in graduate school.	4年生の学生の多くは、大学院に対して深い関心を示している。
That a surgeon needs a steady hand goes without saying.	外科医は震えない手が必要、というのは言うまでもない。
This island has had strategic importance throughout history.	この島は、歴史上戦略的な重要性を持ってきた。

1156 **sufficient**
[səfíʃənt]
形 十分な

1157 **aggressive**
[əgrésiv]
形 攻撃的な、強引な；積極的な、活動的な

1158 **cautious**
[kɔ́:ʃəs]
形 注意深い、用心深い

CD
③08
1159 **comprehensive**
[kàmprihénsiv]
形 包括的な、総合的な

1160 **confidential**
[kànfədénʃəl]
形 秘密の、機密の
★confidence 名 信頼；自信
confident 形 自信がある

1161 **considerable**
[kənsídərəbl]
形 かなりの；著名な
★consider 動 を考慮に入れる

1162 **corresponding**
[kɔ̀:rəspándiŋ]
形 一致する；付随[関連]する；類似の

1163 **excessive**
[iksésiv]
形 過度の、極端な、法外な
★excess 名 過度；超過分

1164 **favorable**
[féivərəbl]
形 好意的な；好ましい；好都合な
★favor 名 親切な行為
favorite 形 大好きな

1165 **frustrating**
[frʌ́streitiŋ]
形 イライラさせる、欲求不満にさせる

1166 **independent**
[ìndipéndənt]
形 独立した；フリーの、どこにも所属していない
★depend 動 ～次第である

1167 **informative**
[infɔ́:rmətiv]
形 役に立つ、有益な
★information 名 情報

It's best to keep a sufficient distance from animals in the wild.	荒野では動物から十分な距離を保つことが最善である。
Like most people, I cannot stand aggressive salespeople.	ほとんどの人と同じように、私は強引な販売員には耐えられない。
The president is always cautious in regard to how he words his statements.	大統領は、声明をどのようなことばで言い表すかについて、常に注意深い。
A comprehensive report on the railway accident is due next month.	鉄道事故についての包括的なレポートは、来月が締め切りだ。
The personal data of online members is considered confidential.	ネット会員の個人データは、秘密であると信じられている。
He lost a considerable amount of weight in only one week.	彼はたった1週間でかなりの量の体重が減った。
The falling birthrate has been met with a corresponding increase in elderly citizens.	少子化は、関連する高齢者の増加を招いた。
The fine for parking in a no-parking zone seems excessive to me.	駐車禁止区域に駐車したことに対する罰金は、私には法外に思われる。
Mrs. White gave my research proposal favorable comments.	White さんは、私の研究提案に好意的な意見を言った。
Train delays are even more frustrating when you're in a hurry.	急いでいるときに電車が遅れると、なおさらイライラする。
The article was written by an independent journalist.	その記事は、フリーのジャーナリストによって書かれた。
Those wishing to learn more can find several informative videos online.	さらに多くを学びたい人は、さまざまな有益なビデオをネット上で見つけることができる。

1168	**intermediate** [ìntərmíːdiət]	形 中間の；中級の
1169	**legendary** [lédʒəndèri]	形 伝説(上)の、伝説的な
1170	**mandatory** [mǽndətɔ̀ːri]	形 義務的な、強制的な
1171	**noticeable** [nóutisəbl]	形 はっきりとした、目立つ ★notice 名 掲示、案内
1172	**ongoing** [ángòuiŋ]	形 継続している、進行中の、絶えず進展している
1173	**premier** [primíər]	形 第一の、最重要な
1174	**prestigious** [prestídʒiəs]	形 一流の、名高い
1175	**profitable** [práfitəbl]	形 利益になる、もうかる；有益な ★profit 名 利益；益、得
1176	**sensible** [sénsəbl]	形 実用的な；賢明な、思慮深い
1177	**situated** [sítʃuèitid]	形 (通例 be ～) 位置している、ある (at; in; on) ★situation 名 状況；立場
1178	**stiff** [stíf]	形 固い、硬い、凝った；堅苦しい
1179	**thriving** [θráiviŋ]	形 繁盛している、盛況の
1180	**vital** [váitl]	形 必要不可欠な、極めて重要な；活気ある

The intermediate course is only available to students who have passed the first level.	中級コースは、最初のレベルに合格した学生だけが受けられる。
Dragons are legendary creatures that might have ties with dinosaurs.	ドラゴンは、恐竜と関係があるかもしれない伝説上の生き物だ。
Seat belts have been mandatory in all automobiles for decades.	シートベルトは、数十年にわたりすべての自動車で義務となっている。
Cutting sweets from my diet has had a noticeable impact on my waistline.	食生活からお菓子をやめると、私のウエストラインに顕著な影響が出た。
There is an ongoing debate as to the value of entrance examinations.	入学試験の価値に関して議論が進行中である。
These old ruins are considered the premier tourist destination in this country.	これらの遺跡は、この国の第一の観光目的地と考えられている。
He graduated from a prestigious university in England.	彼はイングランドの名門大学を卒業した。
Our publishing house has not been profitable since the growth of the Internet.	当出版社は、インターネットが発達してからもうからない。
He made some sensible suggestions as to how I might lose weight.	彼は、私が痩せるかもしれない方法について、賢明な提案をした。
The lighthouse *is* situated *on* a small island off the coast.	灯台は、沖合の小さな島に位置している。
My back always gets stiff in cold weather.	寒いと私の背中はいつも固くなる。
There is a thriving market for used clothing these days.	この頃、中古衣類のマーケットが盛況である。
Creativity is a vital asset in every company.	創造力は、あらゆる会社において不可欠なものである。

1181 **approximately**
□ [əpráksəmətli]
副 おおよそ、約
★approximate 形 おおよその

1182 **halfway**
□ [hǽfwéi]
副 途中で、中間で(between; through)

1183 **incorrectly**
□ [ìnkəréktli]
副 誤って、不正確に
★incorrect 形 不正確な

1184 **initially**
□ [iníʃəli]
副 最初は、初め
★initial 形 初めの

1185 **locally**
□ [lóukəli]
副 地元で；その地方だけで
★local 形 地元の、現地の

1186 **occasionally**
□ [əkéiʒənəli]
副 時々、時折
★occasion 名 場合；機会

1187 **reasonably**
□ [rí:zənəbli]
副 かなり、ほどよく；分別を持って；適切に
★reasonable 形 手頃な

1188 **respectively**
□ [rispéktivli]
副 (通例文末で)それぞれ、各々

1189 **significantly**
□ [signífikəntli]
副 著しく、かなり
★significant 形 (数量が)かなりの

1190 **steadily**
□ [stédili]
副 着実に、絶えず
★steady 形 固定された、しっかりした

1191 **typically**
□ [típikəli]
副 (文頭で)一般的に、概して；典型的に

1192 **accidentally**
□ [æksədéntəli]
副 偶然に、思わず、うっかり

1193 **beneath**
□ [biní:θ]
前 ～の下に[の]；～より低い；～に値しない

He has lost approximately 20 kilograms since his diet began.

ダイエットを始めてから彼はほぼ20キロ減量した。

Halfway *through* his lecture, the fire alarm began to ring.

彼の講義の途中で、火災報知器が鳴り始めた。

The speaker's first name has been printed incorrectly.

講演者のファーストネームは、誤って印刷されていた。

She did well initially, but her school marks gradually got worse and worse.

最初は良い成績だったが、彼女の学校の点数はだんだんと悪くなっていった。

We only sell vegetables that are raised locally.

当店で売っているのは、地元で栽培された野菜だけです。

I occasionally walk to work, especially if the weather is nice.

特に天気が良いときには、時々歩いて仕事に行く。

I am a reasonably capable speaker of Spanish.

私はスペイン語をけっこう話すことができる。

My sons, David and Alex, are now 15 and 18 years old, respectively.

私の息子、DavidとAlexは、現在それぞれ15歳と18歳だ。

The deer population is significantly higher than only two years ago.

鹿の個体数は、ほんの2年前よりも著しく多い。

We have steadily increased our production to meet consumer demand.

私たちは消費者需要を満たすために、生産を着実に増やした。

Typically I spend my vacation time resting at home.

私は休暇の時はたいてい自宅で休んで過ごす。

I accidentally let Susan see the invitation to her surprise party.

私はうっかり、Susanにびっくりパーティーへの招待状を見られてしまった。

Please place your carry-on items beneath the seat in front of you.

機内持ち込みの手荷物は、お客様の前の座席の下に置いてください。

1194	**briefly** [brí:fli]	副 簡単に、手短に；少しの間、一時的に ★brief 形 短い、簡潔な
1195	**brightly** [bráitli]	副 明るく、輝いて
1196	**considerably** [kənsídərəbli]	副 かなり、相当 ★considerable 形 かなりの；著名な
1197	**costly** [kɔ́:stli]	副 高価な、費用のかかる；損害の大きい ★cost 名 費用、経費
1198	**hopefully** [hóupfəli]	副 （文全体を修飾して）うまくいけば；期待を 持って
1199	**individually** [indəvídʒuəli]	副 個別に、それぞれに
1200	**nevertheless** [nèvərðəlés]	副 それにもかかわらず、それでもやはり ☆アクセント注意

We led briefly early on, but eventually lost by a large score.	われわれは初めの頃は少しの間リードしたが、結局大差で負けた。
The star shines brightly in the northern sky.	星は、北国の空では明るく輝く。
Hotel costs are considerably higher during peak travel months.	旅行が最も多くなる月は、ホテル代が著しく高い。
Raising prices proved to be a costly mistake for the company.	値上げは、その会社にとって高くついた誤りであることがわかった。
Hopefully x-rays will show my ankle isn't broken.	うまくいけばX線で私の足首が折れていないことがわかるだろう。
At year's end, the boss likes to speak with each employee individually.	年末に、上司は個別に従業員一人ひとりと話すことを好む。
While not the golfer he once was, he is, nevertheless still capable of winning.	彼は以前のようなゴルファーではないが、それでもやはり、まだ勝つことができる。

TOEIC独自語

高得点も狙える
TOEIC®独自語 300

[1201-1500]

③10

1201	**refund**	图 払い戻し(金)、返金
	□ 名 [rí:fʌnd]	動 を返金する、を払い戻す
	動 [rifʌnd]	☆アクセント注意

| 1202 | **manufacturer** | 图 製造業者、メーカー |
| | □ [mænjufǽktʃərər] | ★manufacture 動 を製造する |

| 1203 | **renovation** | 图 修理、改装 |
| | □ [rènəvéiʃən] | ★renovate 動 を改装する |

1204	**supervisor**	图 管理責任者、監督者；(大学・大学院の)指導
	□ [súːpərvàizər]	教員
		★supervise 動 を監督する

| 1205 | **supplier** | 图 供給業者[会社]、供給元[国] |
| | □ [səpláiər] | ★supply 图 供給；必需品 |

1206	**maintenance**	图 メンテナンス、保守管理；維持
	□ [méintənəns]	☆数えられない名詞
		★maintain 動 を維持する、を保つ

| 1207 | **merchandise** | 图 (集合的に)商品、製品 |
| | □ [məːrtʃəndàiz] | ☆数えられない名詞 |

| 1208 | **invoice** | 图 送り状、請求書、インボイス |
| | □ [ínvɔis] | ☆納品書・明細書を兼ねた請求書 |

| 1209 | **catering** | 图 仕出し業、食事サービス、ケータリング |
| | □ [kéitəriŋ] | ★cater 動 の料理を仕出しする、を賄う |

| 1210 | **warranty** | 图 保証；保証書 |
| | □ [wɔ́ːrənti] | |

1211	**reference**	图 参照(to)；言及(to)；関連(to)；照会
	□ [réfərəns]	★make reference to「～について言及する」
		refer 動 を参照する

1212	**replacement**	图 後任者、代替品；交替、取り替え；(形容詞
	□ [ripléismənt]	的に)代わりの
		★replace 動 を取り換える

If you would like a refund, you must present proof of purchase.

返金を希望される場合、購入したことを証明するものを提示する必要があります。

Most auto manufacturers are protesting the proposed law.

ほとんどの自動車製造業者は、その法案に反対している。

Our home renovations will be finished sooner than expected.

わが家の改築は、予想よりも早く終わるだろう。

My supervisor called in sick, so today I'm in charge.

監督者から病欠の電話があったので、今日は私が担当します。

Our company is a leading supplier of party goods.

当社はパーティー用品の大手供給業者です。

The maintenance staff doesn't begin work until 8:00 a.m.

保守担当者は午前8時にならないと作業を開始しない。

In our anniversary sale, all merchandise will be 10 percent off.

当店の記念セールでは、すべての商品が10パーセント引きになります。

We will send payment once we receive your invoice.

あなたの請求書を受け取り次第、請求額を送金いたします。

We hired a catering service to run the school banquet.

私たちは学校の祝賀を行うためにケータリングサービスを頼んだ。

Both the computer and monitor come with one-year warranties.

コンピューターとモニターの両方に1年間の保証が付いている。

He *made* no reference *to* his recent accident.

彼は自分の最近の事故について言及しなかった。

We couldn't find replacement parts, so we had to order them.

交換部品が見つからなかったので、私たちは注文しなくてはならなかった。

| 1213 | **confirmation**
[kànfərméiʃən] | 名 確認、確証
★confirm 動 を確認する |

| 1214 | **banquet**
[bǽŋkwət] | 名 (フォーマルな)宴会、晩さん会 |

| 1215 | **estate**
[istéit] | 名 財産；地所、所有地
★real estate「不動産；不動産業」 |

| 1216 | **fitness**
[fítnis] | 名 健康、フィットネス；体力
★fit 動 (ぴったり)はまる |

| 1217 | **availability**
[əvèiləbíləti] | 名 利用[入手]できること；手があいていること
★available 形 利用できる |

| 1218 | **convention**
[kənvénʃən] | 名 (定期)大会；慣習；協定 |

| 1219 | **headquarters**
[hédkwɔ̀ːrtərz] | 名 本部、本社
☆単数・複数扱い |

| 1220 | **inventory**
[ínvəntɔ̀ːri] | 名 目録、一覧表；在庫品；《米》在庫調べ |

| 1221 | **personnel**
[pə̀ːrsənél] | 名 人事課[部]；(複数扱い)職員、社員；(形容詞的に)人事の |

| 1222 | **subscription**
[səbskrípʃən] | 名 定期[予約]購読(料)(to)；(サービスなどの)加入料[権](to)
★subscribe 動 定期購読する |

| 1223 | **attendee**
[ətèndíː] | 名 出席者
★attendant 名 付添人、お供 |

| 1224 | **payroll**
[péiròul] | 名 給与；従業員名簿 |

| 1225 | **investment**
[invéstmənt] | 名 投資；投資金
★invest 動 (金など)を投資する |

CD ③11

We are waiting on official confirmation of the election results.

われわれは選挙結果の正式な確認を待っている。

I promised to attend the banquet, but I couldn't make it.

私は晩さん会に出席すると約束したが、行けなかった。

The price of real estate keeps going up each year.

不動産の価格は年々上昇し続けている。

She joined a yoga class at the fitness center.

彼女は、フィットネスセンターでヨガ・クラスに入った。

The instant availability of information makes the Internet very convenient.

即座に情報が入手できるので、インターネットはとても便利だ。

The convention *center* features a main hall and several large meeting rooms.

その会議場は1つのメインホールといくつかの広い会議室を備えている。

I was transferred to the headquarters from one of our branch offices.

私は支店の一つから本社へと転勤になった。

We're supposed to *take* inventory once every two weeks.

われわれは2週間に1回在庫調べを行うことになっている。

All applications are kept on file in the personnel *office*.

すべての応募書類は人事部で保管されている。

I need to renew my subscription *to* this magazine.

この雑誌の定期購読を更新する必要がある。

Attendees included various elected officials, including the governor.

出席者には、知事を含めて選挙で選ばれたさまざまな役職者がいた。

Our firm will not release payroll information to those outside the company.

当社は従業員名簿の情報を社外に公開いたしません。

Our nation's most important investment is in the education of our children.

わが国の最も重要な投資は、子どもたちの教育に向けられる。

1226	**directory** [diréktəri]	名 人名簿、住所録、〜帳
1227	**itinerary** [aitínərèri]	名 旅程(表)、旅行計画
1228	**installation** [instəléiʃən]	名 設置；《コ》インストール ★install 動 を設置する
1229	**agenda** [ədʒéndə]	名 (会議の)議題、協議事項；予定表
1230	**recognition** [rèkəgníʃən]	名 認識；賞賛；(功績などを)認めること ★in recognition of「〜を認めて、〜のお礼に」 recognize 動 を見て[聞いて]わかる
1231	**relocation** [rì:loukéiʃən]	名 移転、再配置 ★relocate 動 新しい場所に移る
1232	**merger** [mə́:rdʒər]	名 合併、合同
1233	**registration** [rèdʒistréiʃən]	名 登録、登記 ★register 動 (を)登録する
1234	**lease** [lí:s]	名 賃貸借契約(書) 動 を賃貸する、を賃借する ☆名詞用法が多い。
1235	**organizer** [ɔ́:rgənàizər]	名 主催者、立案者 ★organize 動 を組織する
1236	**internship** [íntə:rnʃìp]	名 インターン[実習生、研修医]の地位[身分]；インターン実習(期間)
1237	**blueprint** [blú:prìnt]	名 設計図、計画
1238	**extension** [iksténʃən]	名 延長、拡大；(電話の)内線；延長部分 ★extend 動 を広げる；を延長する

The phone company still distributes the *telephone* directory to those who need it.	電話会社は今でも希望者には電話帳を配布している。
According to our itinerary, we only have 20 minutes to change planes.	旅程表によると、飛行機を乗り換えるのにわずか 20 分しかない。
Installation of the operating system usually takes about 30 minutes.	オペレーティングシステムのインストールは通常、約 30 分かかる。
We mailed last month's meeting agenda by mistake.	私たちは間違えて先月の会議の議題を郵送してしまった。
The city awarded him a gold watch *in* recognition *of* his service.	市は彼の功績を認めて、金時計を授与した。
We offer relocation support for company members assigned to other branches.	私たちは他の支店への配属を命じられた社員の転居支援を行います。
Merger talks between the companies have been reported in the news.	それらの会社間の合併話がニュースで報じられた。
These days class registration can be conducted online.	近頃は受講クラスの登録はオンラインで行える。
My lease guarantees that the landlord will not increase the rent.	私の賃貸契約は、大家が家賃を値上げしないことを保証している。
The organizer of the event has put out a call for volunteers.	イベントの主催者は、ボランティアの募集を発表した。
We no longer offer a summer internship program.	弊社はもう夏のインターン実習プログラムを提供していません。
My older brother's success has served as a blueprint for my future.	兄の成功は、私の将来の設計図として役立った。
Dr. Gibson only grants deadline extensions to those who have a medical excuse.	Gibson 先生は、診断書がある人に限って締め切りの延長を認めている。

1239	**packet** [pǽkət]	名 容器、箱；(一式の)書類、小袋
1240	**inspector** [inspéktər]	名 調査官、検査官 ★inspect 動 を視察する；を調べる
1241	**paycheck** [péitʃèk]	名《米》給料(小切手)
1242	**enrollment** [inróulmənt]	名 登録、入学、入会；入学[入会]者数 ★enroll 動 入学[入会]する
1243	**furnishing** [fə́:rniʃiŋ]	名 供給；取り付け；(~s)備え付け家具、装飾品 ★furnish 動 に家具などをしつらえる
1244	**contractor** [kántræktər]	名 (工事などの)請負業者 ★contract 名 契約(書)
1245	**attendance** [əténdəns]	名 出席；(集合的に)出席者(数) ★attendant 名 付添人、お供
1246	**cancellation** [kæ̀nsəléiʃən]	名 取り消し、キャンセル ★cancel 動 を取りやめる
1247	**initiative** [iníʃətiv]	名 率先、手始め；独創力；(the ~)主導権、イニシアティブ ☆アクセント注意 ★initial 形 初めの
1248	**duration** [djuréiʃən]	名 持続(期間)、継続(期間) ★for the duration of「~の期間中」
1249	**keynote** [kí:nòut]	名 基調、基本理念、要旨 ★keynote speaker「基調演説を行う人」
1250	**investor** [invéstər]	名 投資家、投資者
1251	**overview** [óuvərvjù:]	名 概要、要約(of)

CD ③12

The school sent me a packet of information about online registration.

学校は私に、オンライン登録に関する案内書類を一式送ってくれた。

Safety inspectors found a problem with the aircraft.

安全検査官がその航空機の不具合を発見した。

Much of my paycheck goes to paying university tuition debts.

私の給料の多くは、大学授業料の負債返済に充てられる。

Total student enrollment has dropped for six years in a row.

学生の入学者総数は、6年連続で減少した。

The rent is low, but the apartment comes without furnishings.

家賃は安いが、そのアパートの部屋には備え付け家具がない。

The next step will be to hire a contractor.

次のステップは請負業者を雇うことである。

Class attendance is usually low for first period.

1限目はたいてい授業の出席者数が少ない。

The typhoon resulted in the cancellation of hundreds of flights.

台風のせいで何百便ものフライトがキャンセルとなった。

In the second half, our team *took* the initiative and tied the game.

後半では私たちのチームが主導権を握り、試合を引き分けた。

He turned his paper over and slept for the duration of the exam.

彼は紙を裏返して試験の時間中眠った。

The keynote *speaker* is a pioneer in the field of biotechnology.

基調演説者は、バイオテクノロジー分野の先駆者だ。

Investors have been eager to purchase shares in the new company.

投資家は、ずっとその新しい会社の株を購入したがっている。

Please begin your paper with an overview *of* the content.

論文は内容の概説の記述から始めてください。

1252	**compensation** [kὰmpənséiʃən]	名 (労働に対する)報酬、支払い；賠償(金)、補償(金)(for) ☆数えられない名詞。 ★compensate 動 に報いる
1253	**revision** [rivíʒən]	名 修正、改正；修正版 ★revise 動 を見直す
1254	**recipient** [risípiənt]	名 (〜の)受賞者；受取人(of)；(臓器などの)被提供者
1255	**defect** [dí:fekt]	名 欠陥、欠点(in) ★defective 形 欠陥のある
1256	**reimbursement** [rì:imbə́:rsmənt]	名 返済、返金 ★reimburse 動 (費用など)を払い戻す
1257	**documentation** [dὰkjumentéiʃən]	名 公式文書、証拠書類；文書の作成
1258	**venue** [vénju:]	名 開催地、会場
1259	**roadway** [róudwèi]	名 車道、道路
1260	**timeline** [táimlàin]	名 年表(of)；予定表、スケジュール表
1261	**consultation** [kὰnsəltéiʃən]	名 相談；協議；診察を受けること(with) ★consult 動 相談する
1262	**restriction** [ristríkʃən]	名 制限、規制
1263	**confidentiality** [kὰnfədenʃiǽləti]	名 秘密保持、守秘義務 ★confident 形 自信がある confidential 形 秘密の

CD
③13

She has yet to receive compensation *for* her work.

彼女は仕事の報酬をまだ受け取っていない。

The tax law revision has yet to be approved.

その税法の改正は、まだ承認されていない。

The first recipient *of* this award later became company president.

この賞の最初の受賞者は、後に社長になった。

The cameras were recalled due to a defect *in* the flash mechanism.

そのカメラはフラッシュ装置に欠陥があったため回収された。

Reimbursement for meal and transportation costs will be included in your next pay statement.

飲食および交通費の払い戻し額は、次の給与明細に含まれる。

To apply for a loan, you first need the proper documentation.

ローンを申し込むためには、最初に適切な文書が必要です。

The venue has changed owners, but is still known as Center Stadium.

その会場は所有者が代わったが、今もセンタースタジアムとして知られている。

Due to the freezing rain, most roadways are covered with ice.

凍った雨により、大部分の道路は氷で覆われている。

The brochure features a timeline *of* city history.

その冊子は市の歴史年表を取り上げている。

My doctor has arranged a consultation *with* a specialist.

私のかかりつけの医者は、専門医での受診を手配した。

I have no dietary restrictions, but I still try to eat wisely.

食事制限はないが、分別のある食事を心掛けている。

I had to sign a confidentiality agreement before I could read the document.

文書を読む前に、私は秘密保持契約にサインしなければならなかった。

223

1264	**dimension** [dimén∫ən]	图 寸法、大きさ；局面

1265	**array** [əréi]	图 (an ~ of) 多様[大量]の~、並べられた~； 整列 ☆アクセント注意

1266	**transcript** [trǽnskript]	图 発言などを文字に起こしたもの、口述筆記； (学校の)成績証明書；コピー、複写

1267	**apology** [əpálədʒi]	图 謝罪、わび(for; to) ★apologize 動 (人に対して~を)謝る

1268	**sponsorship** [spánsərʃip]	图 後援、支援

1269	**guidance** [gáidns]	图 指導、助言、アドバイス ☆数えられない名詞

1270	**prospect** [práspekt]	图 可能性、見込み(of; for; that ...)；期待

1271	**commission** [kəmíʃən]	图 歩合給、手数料(on; for)；委員会

1272	**certification** [sə̀:rtəfikéiʃən]	图 認定[保証]書、認定[保証]すること ★certify 動 を証明[保証]する

1273	**rating** [réitiŋ]	图 評価、支持率；視聴率、ランキング ★rate 图 割合、レート

1274	**subscriber** [səbskráibər]	图 定期購読者；(サービスの)契約者

1275	**input** [ínpùt]	图 入力；協力、意見、情報 ★output 图 生産高

1276	**manufacturing** [mænjufǽktʃəriŋ]	图 製造業、製造 ☆数えられない名詞

Be sure you check the sofa's dimensions before you order it.

ソファを注文する前に、必ず寸法を確認しなさい。

The DVD shop offers *a* wide array *of* titles.

その DVD ショップはさまざまな作品を扱っている。

The transcripts of his private interview were posted online.

彼の単独インタビューの筆記録がインターネットで掲載された。

The airline issued an apology *for* the continued delay.

その航空会社は、遅延が続いていることに対して謝罪した。

This year event planners are hoping for corporate sponsorship.

今年、イベント企画者は企業の後援を期待している。

I spoke with a guidance counselor about studying overseas next year.

来年海外留学することについて、進路指導教員と話した。

The project has a reasonable prospect *of* success.

そのプロジェクトはまずまずの成功の見込みがある。

My salary is small, but I also receive a nice commission *on* every sale.

私の給料は安いが、販売ごとに十分な歩合給ももらっている。

She has certification as a scuba diving instructor.

彼女はスキューバダイビングのインストラクターの認定証を持っている。

Television ratings have dropped since the growth of the Internet.

テレビ視聴率は、インターネットが普及してから下がった。

Subscribers have dropped since the magazine switched to online publication.

その雑誌がオンライン出版に移行して以来、定期購読者は減少している。

We're seeking user input as to our website design.

当社はウェブサイトのデザインに関して、ユーザーの意見を求めている。

We specialize in manufacturing but also do some shipping.

弊社は製造を専門にしていますが、一部配送も行います。

1277	**plumbing** [plʌ́miŋ]	名 配管工事、配管設備 ☆数えられない名詞
1278	**submission** [səbmíʃən]	名 提出(物)(to; of);服従 ★submit 動 を提出する
1279	**decor** [deikɔ́:r]	名 (建物・部屋の)装飾様式;装飾(物) ★decorate 動 を飾る
1280	**approximation** [əprὰksəméiʃən]	名 概算、近似 ★approximate 形 おおよその
1281	**transaction** [trænzǽkʃən]	名 取引;(業務などの)処理、取り扱い
1282	**credential** [kridénʃəl]	名 (通常〜s)資格証明書、成績証明書;信任状
1283	**fundraiser** [fʌ́ndrèizər]	名 資金集めの催し;資金調達担当者 ★fund 名 (〜s)資金、基金
1284	**malfunction** [mælfʌ́ŋkʃən]	名 故障、不具合(in; of) 動 故障する
1285	**pavement** [péivmənt]	名 舗装された道路
1286	**breakdown** [bréikdàun]	名 明細、詳細(of);分析;故障(in; of)
1287	**acknowledgment** [əknɑ́lidʒmənt]	名 承認;気づき;感謝 ★acknowledge 動 を認める
1288	**garment** [gɑ́:rmənt]	名 (〜s)衣服、衣類;衣服(の一点);(物の)覆い
1289	**trustee** [trʌstí:]	名 受託者、管財人;評議員 ★trust 動 を信頼する

CD
③14

The plumbing is in poor repair throughout the entire building.

建物全体にわたって、配管設備の修理が行き届いていない。

The submission of his manuscript failed to meet the deadline.

彼の原稿の提出は、締め切りに間に合わなかった。

His office decor isn't fancy, with only plain wood and white walls.

彼のオフィスの装飾はごてごてしていない。白木と白い壁だけだ。

According to one approximation, the satellite will fall to the earth next April.

ある概算によると、その人工衛星は次の4月に地上に落下するという。

I have no memory of this credit card transaction.

私はこのクレジットカードで取引をした覚えがない。

He has excellent teaching credentials, but students claim that his classes are boring.

彼は素晴らしい教員資格を持っているが、学生たちは授業は退屈だと断言している。

The mayor will host a fundraiser dinner during the holiday season.

市長は休暇シーズン中に資金集めの催しのディナーを主催する予定だ。

ATMs are out of service due to a malfunction in the system.

ATMはシステム故障のためサービスを停止している。

Someone needs to repair that crack in the pavement.

誰かが舗道のそのひびを修繕する必要がある。

A breakdown of the sales figures will be released tomorrow.

売上高の詳細は明日公表される。

He has never received acknowledgment for his role in the company success.

会社が良い結果になっても、彼は自分の任務について感謝を受けたことがない。

The guests wore garments of various styles and colors.

招待客はさまざまな型や色の服を身に着けていた。

The Board of Trustees meets but twice a year.

評議員会は年に2回のみ開催される。

227

1290	**workflow** [wə́:rkflòu]	图 作業［業務］の流れ、ワークフロー ☆数えられない名詞
1291	**output** [áutpùt]	图 生産高；生産、産出；《コ》出力 ★input 图 入力；意見
1292	**coverage** [kʌ́vəridʒ]	图 補償額［範囲］；報道［取材］(の範囲)(of) ☆数えられない名詞。 ★cover 動 (保険が)を補償する
1293	**township** [táunʃip]	图 群区、タウンシップ(county の下位の行政区域)
1294	**indicator** [índikèitər]	图 指示するもの［人］、尺度、インジケーター ★indicate 動 を示す
1295	**interruption** [ìntərʌ́pʃən]	图 中断；妨害；じゃま物
1296	**anecdote** [ǽnikdòut]	图 逸話、裏話、秘話
1297	**outing** [áutiŋ]	图 小旅行、ピクニック、お出掛け
1298	**durability** [dùərəbíləti]	图 耐久性、耐久力 ★durable 形 耐久性のある
1299	**proprietor** [prəpráiətər]	图 (店などの)所有者、経営者
1300	**premise** [prémis]	图 前提、根拠；(～s)敷地、構内
1301	**exterior** [ikstíəriər]	图 外装、外観、外側(of)；(人の)外見
1302	**testimonial** [tèstəmóuniəl]	图 感謝状、感謝のことば；証明書；推薦状［文］

CD ③15

Our workflow was interrupted by mechanical troubles with our printer.	私たちの作業の流れは、プリンターの故障により中断された。
Factory output dropped in November due to fewer orders.	工場生産高は、注文が減ったために11月に下がった。
Media coverage of the princess has been intense since her engagement.	婚約以来、王女についてのメディア報道が熱を帯びている。
We live in a rural township about 10 miles from the city.	私たちは、都市部からおよそ10マイル離れた地方の郡区に住んでいる。
Reading skills are a good indicator of academic success.	読解力は、学業の達成度を示す良い指標である。
The neighbor's dog has been barking *without* interruption for over an hour.	隣人の犬は1時間以上中断することなくほえ続けている。
My grandfather told me an anecdote about his school days.	祖父は私に、自分の学生時代の逸話を話した。
We *went on a* family outing to an amusement park.	家族で遊園地へ出掛けた。
Our products are known for their high durability.	わが社の製品は、耐久性が高いことで知られている。
The proprietor rarely visits the restaurant during business hours.	その経営者は、営業時間中はめったにレストランを訪れない。
His basic premise is that long-term growth beats short-term profits.	彼の基本前提は、長期的な成長は目先の利益に勝るというものだ。
The exterior *of* any house needs painting once every 10 years.	どの家の外装も、10年に1回塗装の必要がある。
Each player offered a glowing testimonial to their coach.	各プレイヤーはコーチに熱のこもった感謝のことばを述べた。

超頻出 | 頻出 | 重要 | TOEIC®頻出語 | Level 1 | Level 2 | Level 3

| 1303 | **vacancy** | 名 空室；空位、欠員 |
| | [véikənsi] | ★vacate 動 を退去する |

| 1304 | **terrain** | 名 地域、地形、土地 |
| | [təréin] | |

| 1305 | **proficiency** | 名 技量、熟達 |
| | [prəfíʃənsi] | ☆数えられない名詞 |

| 1306 | **specification** | 名 (通例〜s)仕様(書)、設計明細書 |
| | [spèsəfikéiʃən] | ★specific 形 特定の；具体的な |

| 1307 | **respondent** | 名 回答者、応答者 |
| | [rispάndənt] | ★respond 動 (〜に)答える |

| 1308 | **batch** | 名 一束、一組、一団(of)；(パンなどの)一焼き |
| | [bǽtʃ] | 分(of) |

| 1309 | **drainage** | 名 水はけ、排水；排水設備 |
| | [dréinidʒ] | |

| 1310 | **acquisition** | 名 買収、獲得；習得(of) |
| | [ækwizíʃən] | ★acquire 動 を得る；を身に付ける |

| 1311 | **affair** | 名 事務、業務；情勢；出来事； |
| | [əféər] | |

| 1312 | **storefront** | 名 (道路に面した)店舗、事務所；店頭、(店の) |
| | [stɔ́:rfrὰnt] | 正面 |

| 1313 | **excavation** | 名 穴を掘ること、掘削；穴 |
| | [èkskəvéiʃən] | |

| 1314 | **vent** | 名 排気口、通気口 |
| | [vént] | |

1315	**persuasion**	名 説得；確信
	[pərswéiʒən]	☆数えられない名詞
		★persuade 動 を説得して〜させる

There hasn't been a vacancy in this office building in five years.	このオフィスビルではここ5年間空室はない。
The mountainous terrain is popular with hiking enthusiasts.	その山岳地帯はハイキング愛好家に人気だ。
He scores well on proficiency tests but can't apply his knowledge.	彼は習熟度テストでは高い点数を取るが、知識を活用することができない。
By law, construction firms must follow basic government specifications.	法律により、建設会社は政府による基本的な規格に従わなくてはならない。
Ninety percent of respondents stated our website was difficult to use.	回答者の90パーセントが、当社のウェブサイトは使いにくいと述べた。
My mother baked a batch of cookies for the party.	母はそのパーティーのために一焼き分のクッキーを焼いた。
The playing field suffers from poor drainage when it rains.	雨が降ると、運動場は水はけが悪くなる。
The board of directors approved the acquisition of a trucking firm.	取締役会は運送会社の買収を承認した。
The CEO is responsible for all the company's financial affairs.	CEOは会社の財務業務全体の責任を負う。
She opened her first storefront on Main Street 10 years ago.	彼女は10年前にMain Streetに最初の店舗を開いた。
Excavation work has just begun for the new company headquarters.	新しい本社のために掘削作業がちょうど始まったところだ。
The air vent is stuck and refuses to open.	通気口は固く締まっていて開かない。
Peaceful persuasion is more effective than loud demands.	穏やかに説得することは、やかましく要求するよりも効果的だ。

1316	**compliance** □ [kəmpláiəns]	图 従うこと(with);法令順守、コンプライアンス;従順 ★in compliance with「~に従って」
1317	**demolition** □ [dèməlíʃən]	图 解体、取り壊し(of) ★demolish 動 を解体する
1318	**workload** □ [wə́:rklòud]	图 仕事量、作業量
1319	**referral** □ [rifə́:rəl]	图 照会;委託;照会された人、紹介患者
1320	**administrator** □ [ədmínəstrèitər]	图 経営者;管理者 ★administer 動 を管理する
1321	**ratio** □ [réiʃiou]	图 比率、比(of)
1322	**contestant** □ [kəntéstənt]	图 出場者、競技者
1323	**assessment** □ [əsésmənt]	图 評価;査定;評価[査定]額 ★assess 動 を査定する
1324	**subsidiary** □ [səbsídièri]	图 子会社(of)
1325	**complexity** □ [kəmpléksəti]	图 複雑さ ★complex 形 複雑な
1326	**facilitator** □ [fəsílətèitər]	图 進行役、司会者、世話役
1327	**faculty** □ [fǽkəlti]	图 (大学の)学部、学科;(学部などの)教授陣、教員(~ member)
1328	**equivalent** □ [ikwívələnt]	图 同量[同価値]のもの(of);相当するもの 形 同量[同価値]で、等しい(to)

CD ③16

In compliance *with* safety regulations, stairways must be free of storage.	安全規制に従い、階段で物を保管してはならない。
Demolition *of* the old factory is scheduled for next week.	古い工場の取り壊しは、来週に予定されている。
Everyone wants a lighter workload, but no one wants less pay.	誰でも仕事量が減るのを望むが、給料が減るのを望む人はいない。
Our clinic receives a lot of referrals from other hospitals.	当医院は他の病院から紹介される患者を大勢受け入れている。
Despite his years of work, he has little experience as an administrator.	長年働いているにもかかわらず、彼は管理者としての経験がほとんどない。
The ratio *of* male to female students is two to one.	男性と女性の学生の比率は2対1だ。
The winning contestant will receive a new laptop computer.	勝利を得た競技者は、新しいラップトップ・コンピューターを受ける。
The most important item of assessment is class participation.	評価で最も重要な事柄は、授業への出席だ。
Our factory is a subsidiary *of* Happy Electronics in Canada.	当工場はカナダのHappy Electronics社の子会社だ。
The complexity of the plan made it unpopular with board members.	計画は複雑だったので、役員たちには不人気だった。
We asked John to be facilitator of the panel discussion.	われわれは、Johnにパネルディスカッションの進行役を頼んだ。
Few faculty *members* come to the campus during summer break.	ほとんど教職員は、夏休みの間はキャンパスに来ない。
In one day, most teachers walk the equivalent *of* five kilometers.	先生はたいてい、1日で5キロ相当を歩く。

| 1329 | **detour**
[díːtuər] | 名 回り道；迂回 |

| 1330 | **vicinity**
[visínəti] | 名 近く、付近
★in the vicinity of 「〜の近くに」 |

| 1331 | **deed**
[díːd] | 名 行為、行い |

| 1332 | **billing**
[bíliŋ] | 名 請求書作成[発送]；出演者名順位
★bill 名 請求書 |

| 1333 | **eatery**
[íːtəri] | 名 (小さな)飲食店、レストラン、軽食堂 |

| 1334 | **surge**
[sɔ́ːrdʒ] | 名 殺到、急上昇；(感情の)高まり；大波 |

| 1335 | **closure**
[klóuʒər] | 名 閉鎖；終わり
★close 動 閉まる；を閉める |

| 1336 | **audit**
[ɔ́ːdit] | 名 会計検査、監査報告(書) |

| 1337 | **transformation**
[trænsfərméiʃən] | 名 変化、変身、変換
★transform 動 を変化させる |

| 1338 | **consent**
[kənsént] | 名 承諾、同意
☆アクセント注意 |

| 1339 | **chancellor**
[tʃǽnsələr] | 名 (大学の)学長、総長；《英》大蔵大臣；(ドイツなどの)首相 |

| 1340 | **context**
[kántekst] | 名 文脈、前後関係；背景 |

| 1341 | **clarification**
[klærəfikéiʃən] | 名 (不明点などの)明確化、説明
★clarify 動 を明らかにする |

CD ③17

The bus took a detour due to icy hillside roads.	バスは山道が凍結していたので回り道をした。
According to initial reports, the fire is *in the* vicinity *of* City Park.	最初の報告によると、火事は City Park の近くである。
His past deeds have cost him much in terms of public respect.	彼の過去の行為は、社会的な尊敬に関して彼に多大な犠牲をもたらした。
I entered my billing address incorrectly by mistake.	私は、誤って不正確な請求書送付先住所を入力した。
Ann's Eatery specializes in all kinds of sandwiches.	軽食(堂) Ann's は、あらゆる種類のサンドイッチを専門としている。
The sudden power surge may have damaged my computer.	電圧の急上昇は、私のコンピューターを損傷したかもしれない。
The spread of influenza has caused school closures throughout the city.	インフルエンザの流行は、市内の至る所で学校閉鎖を引き起こした。
The audit showed the firm had buried its profits.	監査報告書は、同社が利益を隠していたことを示した。
Her transformation from a skinny teenager to a top fashion model has been dramatic.	やせっぽちのティーンエイジャーから一流のファッションモデルへの彼女の変化は、劇的だった。
She refused to marry without her parents' consent.	彼女は、両親の承諾なしで結婚することを拒否した。
He was named university chancellor after four years as an assistant dean.	彼は副学部長として4年間務めた後、大学学長に指名された。
His words are not unusual if taken in the proper context.	適切な文脈でとらえれば、彼のことばはおかしくはない。
I did not follow his explanation and am seeking further clarification.	彼の説明がよくわからなかったので、さらなる説明を求めている。

1342	**provision**	图 (契約書などの)条項、規定；供給；準備
☐	[prəvíʒən]	★provide 動 を提供する

1343	**engagement**	图 約束；婚約；かかわり、参画
☐	[ingéidʒmənt]	

1344	**carpentry**	图 大工仕事、大工技術
☐	[ká:rpəntri]	

1345	**moisture**	图 湿気、水分；水蒸気
☐	[mɔ́istʃər]	☆数えられない名詞
		★moist 形 湿った

1346	**excerpt**	图 抜粋、引用句(from)
☐	[éksə:rpt]	☆アクセント注意

1347	**workforce**	图 (通例 the 〜)労働人口；全労働者
☐	[wə́:rkfɔ̀:rs]	

1348	**dean**	图 (大学の)学部長
☐	[dí:n]	

1349	**circulation**	图 循環、(貨幣などの)流通；発行部数
☐	[sə̀:rkjuléiʃən]	

1350	**ridge**	图 尾根；斜面の合わせ目；(動物の)背すじ
☐	[rídʒ]	

1351	**disruption**	图 混乱；途絶、遮断
☐	[disrʌ́pʃən]	★disrupt 動 を混乱させる

1352	**courier**	图 宅配業者、配達人
☐	[kə́:riər]	

1353	**concession**	图 譲歩、許容；売店(〜 stand)、売店使用権
☐	[kənséʃən]	

1354	**scent**	图 香り、(良い)におい(of)；嗅覚；直覚
☐	[sént]	☆発音注意

Both parties must agree to follow each provision in the contract.	双方は、契約書の各条項に従うことに同意しなければならない。
I *have* another engagement at that time that I can't postpone.	私はその時間にもう一つの約束があるので、延期することができない。
In the past, all boys were taught basic carpentry.	昔は男の子はみな、基本的な大工仕事を教えられた。
Even a small amount of moisture will affect the camera's mechanism.	少しの湿気でも、カメラのメカニズムに影響を及ぼす。
A short excerpt *from* his latest novel appeared in the morning paper.	彼の最新の小説からの短い引用が、朝刊に出ていた。
The workforce of the future will need knowledge of computer languages.	将来、すべての労働者は、コンピューター言語に関する知識が必要になる。
The dean enjoys socializing with students whenever he can.	できるときはいつでも、学部長は学生と交流して楽しむ。
Magazine profit depends more on advertisers than circulation.	雑誌の利益は、発行部数よりも広告主に依存する。
The enemy soldiers were aligned on a ridge overlooking the road.	敵兵は、道を見渡す尾根に整列した。
The annual meeting finished smoothly with no disruptions from unhappy investors.	年次総会は、不満をもつ投資家による混乱なしで円滑に終わった。
I sometimes see bicycle couriers in the business district.	私は、時々オフィス街で自転車宅配人を見かける。
Food at the concession *stand* is more expensive than that outside the stadium.	売店の食べ物は、スタジアムの外の食べ物よりも高い。
A strong scent *of* vanilla filled the air.	バニラの強烈な香りが、あたりを満たした。

237

1355	**shrub** [ʃrʌ́b]	图 低木、(生垣用)かん木
1356	**advocate** [ǽdvəkət]	图 提唱者、支持者、賛同者(of)
1357	**distributor** [distríbjutər]	图 卸売業者、販売[流通]業者 ★distribute 動 を配る、を配達する
1358	**congestion** [kəndʒéstʃən]	图 混雑、渋滞 ☆数えられない名詞。
1359	**intermission** [ìntərmíʃən]	图 中断;休憩時間、(劇の)幕間
1360	**delegation** [dèligéiʃən]	图 代表団、代表使節団
1361	**apprenticeship** [əpréntəsʃip]	图 見習い(期間・身分)
1362	**inquire** [inkwáiər]	動 を尋ねる;尋ねる(about; of; as to) ★inquiry 图 調査;問い合わせ
1363	**expire** [ikspáiər]	動 期限が切れる、満期になる
1364	**upgrade** [ʌ́pgréid]	動 をアップグレードする、を改良する、を格上げする
1365	**notify** [nóutəfài]	動 に知らせる、に通知[通告]する(of; that ...) ★notice 图 掲示、案内
1366	**accommodate** [əkámədèit]	動 を収容する、を収納する;宿泊させる、を泊める ★accommodation 图 宿泊施設
1367	**relocate** [ri:lóukèit]	動 を新しい場所に移す;新しい場所に移る、配置転換になる ★relocation 图 移転、再配置

CD ③18

I have to trim the shrubs once a year.	私は年に一度、生垣の木の手入れをしなければならない。
The mayor is a strong advocate *of* gender equality.	市長は、男女平等の熱烈な支持者である。
Most publishing firms have close ties with book distributors.	大部分の出版社は、本の卸売業者と緊密な関係がある。
Freeway congestion made it impossible to reach the airport in time.	高速道路の混雑のために、時間内に空港に着くことができなかった。
The intermission between the first and second act lasts 15 minutes.	1 幕と 2 幕のあいだの休憩時間は、15分続きます。
The trade delegation hopes to encourage softer regulations.	貿易代表団は、より柔軟な規則が促進されることを望んでいる。
Carpenters often learn their trade through an apprenticeship.	大工はしばしば、見習いを通して仕事を覚える。
I have yet to inquire *about* available flights.	空席のある便について私はまだ問い合わせていない。
My driver's license will expire on my birthday.	私の運転免許証は、誕生日に有効期限が切れる。
I need to upgrade the operating system of my computer.	私は、コンピューターのオペレーティングシステムをアップグレードする必要がある。
Please notify our office if you wish to change your appointment.	予約を変更したい場合は、当オフィスにお知らせください。
Sorry, but our hotel does not accommodate pets.	申し訳ありませんが、当ホテルはペットをお泊めしておりません。
Don't apply for the job unless you are willing to relocate.	配置転換になるのが嫌なら、この職に応募できません。

239

1368	**exceed** [iksíːd]	動 を上回る、を超える ★excess 名 過度；超過分

1369	**finalize** [fáinəlàiz]	動 (計画など)を最終決定[合意]する；を完成させる、を仕上げる

1370	**incorporate** [inkɔ́ːrpərèit]	動 を取り入れる、を組み入れる；を合併する ★incorporated 形 法人組織の、有限責任の (Inc. と略し、会社名の終わりに付ける)

1371	**renew** [rinjúː]	動 を更新する；を取り替える；更新する

1372	**supervise** [súːpərvàiz]	動 を監督する、を指揮する、を管理する ★supervisor 名 管理責任者、監督者

1373	**oversee** [òuvərsíː]	動 (oversaw; overseen)を監督する、を監視する

1374	**acknowledge** [əknálidʒ]	動 を認める；を～と見なす(as; to be)；(手紙など)の受け取りを知らせる ★acknowledgment 名 承認

1375	**subscribe** [səbskráib]	動 定期購読する、会員登録する(to)；賛同する(to)定期購読する、会員登録する(to)；賛同する(to)

1376	**specify** [spésəfài]	動 を指定する、を具体的に述べる ★specific 形 特定の

1377	**adhere** [ædhíər]	動 (規則など)を守る、を支持する、に固執する(to)；にくっつく(to)

1378	**assess** [əsés]	動 を査定する；を評価する ★assessment 名 査定(額)

1379	**misplace** [mìspléis]	動 を置き忘れる、を置き間違える

She exceeded my expectations and passed the examination.	彼女は私の予想を上回り、試験に合格した。
The two companies have not yet finalized their merger plans.	両社はまだ合併計画に最終合意していない。
This town was incorporated as a village 200 years ago.	この町は200年前に村として組み入れられた。
I renewed my gym membership, but for six months only.	私はジムのメンバーシップを更新したが、6カ月間だけだ。
We need a new coach to supervise the team.	私たちにはチームを指揮する新しいコーチが必要だ。
Our committee oversees the progress of each new project.	当委員会は、それぞれの新プロジェクトの進捗を監督している。
They refuse to acknowledge my many letters of complaint.	彼らは私が出した多くの苦情の手紙が届いていることを認めていない。
My mother subscribes *to* an online recipe service.	母はインターネットのレシピ提供サービスに登録している。
If you specify your dietary needs, we can provide meals to match.	食事に関して必要なものを具体的におっしゃっていただければ、ぴったりのお食事をご提供いたします。
If you fail to adhere *to* government regulations, you will be fined.	政府規制に従わなければ、罰金を科せられることになる。
The insurance inspector will assess the damage and make a report.	保険調査員が損害を査定して報告書を作成します。
I was late because I misplaced my car keys.	車の鍵を置き忘れたために私は遅刻した。

241

| 1380 **clarify**
□ [klǽrəfài] | 動 を明らかにする；をきれいにする
★clarification 名 (不明点などの)明確化 |

🎧CD
③19

| 1381 **authorize**
□ [ɔ́:θəràiz] | 動 に (～する)権限を与える(to *do*)、を(正式に)認可する |

| 1382 **assure**
□ [əʃúər] | 動 *A* に…ということを保証する(～ *A* that ...)、を請け合う |

| 1383 **enlarge**
□ [inlá:rdʒ] | 動 を増やす、を大きくする、を拡大[拡張]する |

| 1384 **surpass**
□ [sərpǽs] | 動 を上回る、を超える；～より優れている |

| 1385 **insert**
□ [insə́:rt] | 動 を入れる、を挿入する(into; in) |

| 1386 **generalize**
□ [dʒénərəlàiz] | 動 を一般化する；(結論など)を導き出す；一般的に述べる(about)
★general 形 全体的な；一般的な |

| 1387 **trim**
□ [trím] | 動 を削減する；を刈り込む |

| 1388 **expedite**
□ [ékspədàit] | 動 を早める、をさっと片付ける |

| 1389 **demolish**
□ [dimáliʃ] | 動 を解体する、を取り壊す
★demolition 名 解体、取り壊し |

| 1390 **validate**
□ [vǽlədèit] | 動 を正当[有効]だと確認する；を有効にする
★valid 形 有効な |

| 1391 **discontinue**
□ [dìskəntínju:] | 動 をやめる；を生産中止にする
★continue 動 を続ける |

Please clarify the facts before making a complaint.	苦情を申し立てる前に事実を明確にしてください。
I am not authorized *to* issue upgrades on seating assignments on this flight.	私はこのフライトの座席の割り振りに関して、アップグレードを発行する権限を与えられていません。
The website assured members *that* all personal data was safe.	そのウェブサイトは、会員にすべての個人データは安全だと保証した。
When we renovate our house, we will enlarge the kitchen.	自宅を改築する際には、台所を広くするつもりだ。
Retail sales have surpassed the total for the same time last year.	小売売上高は、昨年同時期の合計額を上回った。
First insert your cash card and then select the type of transaction.	まずキャッシュカードを挿入し、その次に取引の種類を選択してください。
I don't like to generalize *about* the political views of others.	私は、他人の政治的見解について一般論を述べたくない。
We need to trim this year's budget by about five percent.	われわれは今年の予算を約5パーセント削減する必要がある。
The judge in the case promised to expedite the proceedings.	その訴訟の裁判官は、訴訟手続きを早めることを約束した。
The original city hall was demolished after the new building was constructed.	新しい建物が建設された後、元の市役所は解体された。
We need to validate your credit card data before proceeding.	手続きの前に、あなたのクレジットカード情報の有効を確認する必要があります。
This model will be discontinued after 15 years of production.	この型は、製造から15年後に打ち切られる。

1392	**furnish** [fə́:rniʃ]	動 に家具などをしつらえる；(必要な物)を用意する ★furnishing 名 供給；取り付け
1393	**customize** [kʌ́stəmàiz]	動 を(自分の好みに)作りかえる、をカスタマイズする、を特注する ★custom 形 注文で作った
1394	**familiarize** [fəmíljəràiz]	動 を(~に)慣れさせる、を(~に)習熟させる(with)；をよく理解する(~ oneself with)
1395	**implement** [ímpləmənt]	動 を実行する、を実施する；(条件)を満たす
1396	**reimburse** [rì:imbə́:rs]	動 (費用など)を払い戻す、を返金する；を賠償する ★reimbursement 名 返済、返金
1397	**waive** [wéiv]	動 を放棄する、を撤回する；を免除する
1398	**unveil** [ʌnvéil]	動 を公表する、を発表する；(秘密など)を明かす
1399	**unload** [ʌnlóud]	動 の荷物を降ろす；を抜き取る
1400	**appoint** [əpɔ́int]	動 (~するよう)A を任命する(~ A to do)；を指定する(for) ★appointment 名 予約、(面会の)約束
1401	**administer** [ədmínistər]	動 を管理する；を執行する；を行う ★administration 名 管理、運営
1402	**pertain** [pərtéin]	動 関係する、関連する(to)；付属する(to)；ふさわしい(to)
1403	**refill** [ri:fíl]	動 を再び満たす、を詰め替える

CD ③20

I am furnishing my new apartment little by little.

私は自分の新しいアパートに少しずつ家具を備え付けている。

He customized his truck by adding a new sound system.

彼は新しい音響システムを加えてトラックを自分好みに作りかえた。

Try to familiarize *yourself with* the report before the meeting.

会議の前にその報告書をよく理解するように。

His research has proved difficult to implement in the workplace.

彼の調査は、職場では実行するのが困難であることがわかった。

They will reimburse public transportation costs, but not taxi fare.

彼らは公共交通機関の費用を払い戻してくれるが、タクシー代はだめだ。

Despite my explanation, they refused to waive their fee for late payment.

私の説明にもかかわらず、彼らは支払い遅延料を免除することを拒否した。

They will not unveil their new product line until next spring.

彼らは新製品ラインアップを来春まで公表しない。

When they unloaded the truck, they blocked our driveway.

彼らがトラックの荷物を降ろしたとき、わが家の私道をふさいだ。

My boss appointed me *to* head the budget committee.

上司は予算委員会を率いるよう私を任命した。

An outside firm administers our company website, but we provide the contents.

外部の会社がわが社のウェブサイトを管理しているが、コンテンツは自社で提供している。

This section of the company rulebook pertains *to* part-time staff only.

会社就業規則のこの項は、パートスタッフのみに関連するものだ。

I tried to refill his glass, but he stopped me.

彼のグラスを再度いっぱいにしようとしたが、彼は私をさえぎった。

超頻出 | 頻出 | 重要 | TOEIC®頻出語

Level 1 | Level 2 | Level 3

245

1404	**offset** [ɔ̀:fsét]	動 (offset; offset)を相殺する、を埋め合わせる
1405	**navigate** [nǽvəgèit]	動 (を)航行する、(を)航海する；を通り抜ける ★navigation 名 航行、航海
1406	**affiliate** [əfílièit]	動 を加入させる、を所属させる(with) 名 支局、支社；会員
1407	**boost** [bú:st]	動 を上昇させる、を増大させる；を押し上げる
1408	**stipulate** [stípjulèit]	動 を明記する、を規定する(that ...)
1409	**attest** [ətést]	動 実証する(to)
1410	**comply** [kəmplái]	動 従う、合致する(with) ★compliance 名 従うこと
1411	**commence** [kəméns]	動 開始する、始まる
1412	**commend** [kəménd]	動 を称賛する、をほめる(for; on)；を推薦する
1413	**vacate** [véikeit]	動 (地位)を辞する；を退去する ★vacancy 名 空室；空位
1414	**overhaul** [òuvərhɔ́:l]	動 を修理する；を徹底的に検査する；に追い付く
1415	**incur** [inkə́:r]	動 を招く；(不満・怒りなど)を買う
1416	**adorn** [ədɔ́:rn]	動 を飾る、を装飾する(with)

My loss in the stock market was offset by gains in the exchange rate.	株式市場における私の損失は、為替レートでの利益で相殺された。
This part of the river is difficult to navigate.	川のこの一帯は航行するのが難しい。
I am a guest lecturer and not affiliated *with* the university.	私は客員講師であり、その大学には所属していない。
A rise in the exchange rate has boosted the value of our savings.	為替相場の上昇が私たちの貯蓄の価値を押し上げた。
The contract stipulates *that* either party may withdraw at any time.	契約書は、どちらの当事者もいつでも破棄できることを明記している。
His employees all attest *to* his honesty and openness.	彼の従業員全員が彼の誠実さと寛容さを証明している。
All full-time employees must comply *with* company policy.	すべての正社員は、会社の方針に従わなければならない。
The meeting cannot commence until the secretary arrives.	秘書が到着するまで会議は始まらない。
Six students were commended *for* perfect attendance throughout the year.	6 人の学生が、年間を通じた無遅刻無欠席を達成してたたえられた。
She was asked to vacate the premises within 30 days.	彼女は 30 日以内にその建物から立ち退くよう求められた。
He overhauled the engine and replaced one of the rear tires.	彼はエンジンを徹底検査し、後部タイヤを 1 本交換した。
Late-arriving students always incur the professor's anger.	遅刻する学生は、常に教授の怒りを買う。
The shopping mall is adorned *with* holiday decorations.	ショッピングモールは、クリスマス休暇の装飾で飾られている。

| 1417 | **persist**
[pərsíst] | 動 固執する(in)、しつこく繰り返す(in)；続く；を主張する |

| 1418 | **dominate**
[dámənèit] | 動 を支配[圧倒]する；にそびえる；支配する |

| 1419 | **possess**
[pəzés] | 動 を所有する；(人)を支配する |

| 1420 | **insure**
[inʃúər] | 動 を保証する；に保険をかける(against; for)
★insurance 名 保険；保険料 |

| 1421 | **commemorate**
[kəmémərèit] | 動 を祝う、を記念する |

CD
③21

| 1422 | **undertake**
[ʌndərtéik] | 動 (undertook; undertaken)を引き受ける；を始める、に取り掛かる |

| 1423 | **amend**
[əménd] | 動 を改正[修正]する；を改める |

| 1424 | **await**
[əwéit] | 動 を待つ |

| 1425 | **polish**
[páliʃ] | 動 を磨く；(技量など)に磨きをかける |

| 1426 | **promotional**
[prəmóuʃənl] | 形 宣伝用の、販売促進用の
★promote 動 を昇進させる |

| 1427 | **unavailable**
[ʌnəvéiləbl] | 形 利用できない、入手できない、都合が悪い
★available 形 利用できる、入手できる |

| 1428 | **complimentary**
[kàmpləméntəri] | 形 無料で提供される、ただの；賞賛の
★compliment 名 ほめことば、賛辞 |

| 1429 | **extensive**
[iksténsiv] | 形 広い、広範な
★extensively 副 広く、広範に |

He persists *in* asking Mary out, even though she keeps turning him down.	彼女が断り続けても、彼はしつこくメアリーをデートに誘っている。
Their game software dominates the home entertainment market.	彼らのゲームソフトは、家庭用娯楽機器市場を支配している。
He doesn't possess a watch or a mobile phone.	彼は腕時計も携帯電話も持っていない。
Because we live near the river we have to be insured *for* flooding.	川の近くに住んでいるので、洪水のために保険をかけなければならない。
The government will issue a silver coin to commemorate the nation's independence.	政府は国の独立を祝うために、銀貨を発行する。
We won't be able to undertake any new projects until this one is finished.	このプロジェクトが終わるまで、われわれはどのような新しいプロジェクトも引き受けることができない。
He needs to amend his views if he expects to win the nomination.	指名を勝ち取りたいなら、彼は見解を改める必要がある。
Both sides are anxiously awaiting the judge's decision.	両者は、首を長くして裁判官の判決を待っている。
I need to polish my putting before the golf tournament.	ゴルフの試合の前にバッティングに磨きをかける必要がある。
Our company makes promotional videos for public events.	当社は公開イベントの宣伝用ビデオを制作しています。
The journalist hoped to speak with the CEO, but he was unavailable.	ジャーナリストは CEO と話すことを望んだが、CEO は都合がつかなかった。
Most airlines serve a complimentary *drink* shortly after takeoff.	ほとんどの航空会社は、離陸後すぐに無料の飲み物を出す。
He has extensive experience but does not work well with others.	彼は幅広い経験を有するが、他人とうまくやれない。

1430	**renowned** [rináund]	形	著名な、有名な
1431	**on-site** [ὸnsáit]	形	現場の、現地の
1432	**administrative** [ədmínəstrèitiv]	形	管理の、経営の；行政の ★administer 動 を管理する
1433	**hands-on** [hǽndzɑ̀n]	形	実践的な、実地の；手で操作する
1434	**affordable** [əfɔ́:rdəbl]	形	買える値段の、手頃な；都合がつけられる ★afford 動 (〜できる)余裕がある
1435	**exceptional** [iksépʃənl]	形	並外れた、卓越した；例外的な ★except 前 〜以外に(は)
1436	**incorrect** [ìnkərékt]	形	不正確な、間違った ★incorrectly 副 誤って、不正確に
1437	**retail** [rí:teil]	形 名	小売りの 小売り ★retail outlet[store]「小売店」
1438	**acclaimed** [əkléimd]	形	高く評価された、称賛された
1439	**state-of-the-art**	形	最先端の、最新式の
1440	**award-winning** [əwɔ́:rd wìniŋ]	形	受賞した
1441	**protective** [prətéktiv]	形	保護する、防護用の ★protect 動 を守る；を保護する
1442	**approximate** [əprɑ́ksəmət]	形	おおよその、大体の ★approximately 副 おおよそ、約

CD ③22

He is a renowned poet, but I haven't read his work.	彼は有名な詩人だが、彼の作品を読んだことがない。
The school will host an on-site workshop for area teachers.	学校は地域の先生のために現地セミナーを主催する予定だ。
My father was promoted to an administrative position at his company.	父は会社で管理職に昇進した。
Most employees lack hands-on experience when they first join the company.	初めて入社した際、ほとんどの社員は実地での経験を欠いている。
Affordable housing is difficult to find in this area.	この地域では、手頃な価格の住居を見つけるのは難しい。
She has exceptional talent but doesn't practice enough.	彼女は並外れた才能があるが、十分に練習をしない。
Much of the information in his biography is incorrect.	彼の経歴にある情報の多くは正しくない。
This model is not sold in most retail *outlets*.	この型はほとんどの小売店で売られていない。
The main speaker will be an acclaimed political journalist.	メインとなる講演者は、高い評価を得ている政治記者だ。
City fire trucks are equipped with state-of-the-art technology.	市の消防車は最先端の技術を装備している。
The movie is based on an award-winning novel.	その映画は、受賞した小説に基づいている。
The rules state that all players must wear protective headgear.	規則によれば、プレイヤーは全員、保護用のヘルメットを着用しなくてはならない。
The painting's approximate value is said to be more than one million dollars.	その絵画のおおよその価値は、100万ドルを上回ると言われている。

1443 **municipal**
[mju:nísəpəl]
形 市の、市営の、町の、地方自治体の

1444 **alternate**
形 [ɔ́:ltərnət]
動 [ɔ́:ltərnèit]
形 一つおきの、交互の；代わりの
動 交代する；を交互に行う
☆発音注意
★alternative 形 代わりの

1445 **eligible**
[élidʒəbl]
形 適格である；適切な、望ましい

1446 **quarterly**
[kwɔ́:rtərli]
形 年4回の、3カ月おきの；4分の1の
名 季刊誌
★quarter 名 4分の1；四半期

1447 **knowledgeable**
[nálidʒəbl]
形 知識の豊富な、博識の

1448 **sizable**
[sáizəbl]
形 かなりの、かなり大きな

1449 **residential**
[rèzidénʃəl]
形 住宅の、居住用の
★resident 名 居住者、住民

1450 **scenic**
[sí:nik]
形 景色の良い、景色の
★scenery 名 景色

1451 **authentic**
[ɔ:θéntik]
形 本物の、真正の；信頼できる

1452 **rechargeable**
[rì:tʃá:rdʒəbl]
形 充電できる、充電式の

1453 **applicable**
[ǽplikəbl]
形 適用できる、応用できる(to)
★apply 動 応募する

1454 **consistent**
[kənsístənt]
形 継続的な；首尾一貫した、矛盾がない
★consist 動 ～から成る

Someone sprayed paint on a bridge at the municipal park.	市営公園の橋に、誰かが塗料を吹き付けた。
We had to take an alternate *route* due to construction on the road.	道路が工事中なので、代わりのルートを取らなければならなかった。
Eligible customers have a chance to win a new car!	参加資格を満たしているお客様には、新車が当たるチャンスがあります！
One of my tasks is to edit the firm's quarterly reports.	私の仕事の一つは、会社の四半期報告書を編集することだ。
Dr. Wood is the most knowledgeable of all my professors.	Wood 博士は、私を教えるすべての教授の中で最も博識だ。
Taxes will take away a sizable amount of our profit.	当社の利益のかなりの額が税金でもっていかれる。
We live in a quiet residential *area* with convenient public transportation.	私たちは公共交通機関の便が良い静かな住宅地に暮らしている。
The shortcut isn't very scenic but it saves time.	その近道はあまり風景が良くないが、時間の節約になる。
Experts have determined that the painting is not authentic.	専門家たちは、その絵画は本物ではないと断定した。
Rechargeable batteries cost more at first but save money over time.	充電式バッテリーは最初は費用がかかるが、時間とともにお金を節約する。
This discount is only applicable *to* senior citizens.	この割引は高齢者にのみ適用される。
I've noticed a consistent decline in her health since last year.	昨年以来、彼女の健康状態が一貫して悪化しているのに気付いた。

1455	**centralized** ☐ [séntrəlàizd]	形 集中型の；中央集権の
1456	**substantial** ☐ [səbstǽnʃəl]	形 相当な、かなりの；実質的な
1457	**comparable** ☐ [kámpərəbl]	形 同等の、匹敵する(to; in)；比較できる ☆アクセント注意 ★compare 動 を比較する
1458	**moderate** ☐ [mádərət]	形 適度の、穏やかな、まあまあの；穏健な
1459	**nutritional** ☐ [njuːtríʃənəl]	形 栄養(上)の ★nutrition 名 栄養(摂取)
1460	**rigorous** ☐ [rígərəs]	形 厳しい、厳格な；厳密な
1461	**operational** ☐ [àpəréiʃənl]	形 使用できる、機能している、稼働して ★operate 動 (機械が)作動する
1462	**moist** ☐ [mɔ́ist]	形 湿った、しっとりした ★moisture 名 湿気、水分
1463	**unsure** ☐ [ʌnʃúər]	形 (be 〜)不確かな、確信がない ★sure 形 確信して
1464	**managerial** ☐ [mænidʒíəriəl]	形 経営者の、管理者の ★manage 動 を経営する
1465	**stunning** ☐ [stʌ́niŋ]	形 衝撃的な；とても美しい、すばらしい
1466	**outdated** ☐ [àutdéitid]	形 時代遅れの、旧式の
1467	**incomplete** ☐ [ìnkəmplíːt]	形 不完全な、未完成の ★complete 形 完全な

CD
③23 (1461)

We maintain a centralized support center to handle all mechanical repair needs.

当社は機械修理に関するあらゆる要求に対処するため、集中型のサポートセンターを維持している。

A substantial amount of my income comes from stock investment.

私の収入のうちのかなりの額は、株式投資からもたらされている。

Their product is comparable *in* price, but ours is of higher quality.

彼らの製品は価格において同等だが、当社の製品はより高品質です。

Our marketing campaign has had moderate success, but we expected more.

販促キャンペーンはまずまずの成功だったが、われわれはもっと期待していた。

Nutritional information is printed on the back of the package.

栄養に関する情報は、箱の裏側に印刷されている。

He begins each day with a rigorous workout at the gym.

彼はジムでの厳しいトレーニングで毎日をスタートさせる。

The ferry is only operational between 9:00 a.m. and 8:00 p.m.

フェリーは午前9時から午後8時の間のみ運航されている。

Keep the soil moist and the seeds will soon grow.

土壌を湿った状態に保てば、種子はすぐに成長するだろう。

I am unsure as to where I left my umbrella.

かさをどこに置いてきたか、よくわからない。

He has a managerial *position*, but his real talent is in sales.

彼は管理職だが、本当に才能があるのは販売だ。

Her first novel was a stunning success and won every major award.

彼女の最初の小説は衝撃的な成功をおさめ、主要な賞を総なめにした。

Most students feel that the school dress code is outdated.

ほとんどの生徒が、学校の服装規定は時代遅れだと感じている。

Any trip here would be incomplete without a visit to the castle.

その城を訪問しないなら、ここでのどんな旅も中途半端になる。

1468	**hourly** [áuərli]	形 1 時間の、1 時間に 1 回の
1469	**witty** [wíti]	形 機知に富んだ、機知のある
1470	**long-awaited** [lɔ̀:ŋəwéitəd]	形 期待の、待ちに待った
1471	**prominent** [prámənənt]	形 有名な；重要な；突き出た ★prominently 副 顕著に、目立って
1472	**predictable** [pridíktəbl]	形 予測できる ★predict 動 を予測する
1473	**versatile** [vɔ́:rsətəl]	形 用途の広い、多目的に使える；多才な
1474	**unconventional** [ʌ̀nkənvénʃənəl]	形 型にはまらない、慣例にとらわれない
1475	**satisfactory** [sæ̀tisfǽktəri]	形 満足のいく、好ましい ★satisfied 形 満足している
1476	**forthcoming** [fɔ̀:rθkʌ́miŋ]	形 今度の、近づきつつある
1477	**inaccurate** [inǽkjərət]	形 不正確な ★accurate 形 正確な
1478	**courteous** [kɔ́:rtiəs]	形 礼儀正しい、丁重な
1479	**sophisticated** [səfístəkèitid]	形 (機器などが)高性能の、精巧な；(態度など が)洗練された
1480	**advisory** [ədváizəri]	形 助言を与える、諮問の ★advisory panel「諮問委員会[機関]」

My hourly wage is nothing special, but I also get free meals.	私の1時間の賃金はたいしたことはないが、無料で食事もできる。
The professor is known as a witty speaker.	その教授は機知に富んだ話し方をすることで知られている。
The long-awaited release of her second album was delayed yet again.	待ちに待った彼女のセカンドアルバムの発売は、再び延期された。
The disappearance of a prominent businessman has sparked an investigation.	著名なビジネスマンの失踪が、捜査の引き金となった。
Not all love stories have a predictable outcome.	すべての恋愛物語が予測可能な結末になるわけではない。
He is a versatile player and can handle many positions.	彼は万能選手で、多くのポジションをこなすことができる。
He has an unconventional batting stance yet still hits very well.	彼は型破りなバットの構えだが、とてもよくヒットを打つ。
Her test scores were satisfactory, but below what she'd hoped.	彼女のテストの点数は申し分のないものだが、希望した点数より低かった。
The forthcoming report will explain our change in policy.	今度の報告書で、当社の方針の転換が説明される。
My first calculation was inaccurate so I tried again.	私の最初の計算は不正確だったので、再度やってみた。
Everyone expects courteous service at hotels or restaurants.	誰でも、ホテルやレストランでは礼儀正しいサービスを期待する。
Some ancient civilizations had sophisticated systems of agriculture.	いくつかの古代文明には、高度な農業システムがあった。
An advisory panel will help select the next head coach.	諮問委員会は、次のヘッドコーチ選任を支援する。

超頻出
頻出
重要
TOEIC®
独学器

Level 1
Level 2
Level 3

CD ③24	1481 **definite** □ [défənət]	形 明確な、限定された；確信した ★definitely 副 確かに
	1482 **adequate** □ [ǽdikwət]	形 適切な、適当な、十分な；適任の
	1483 **architectural** □ [à:rkətéktʃərəl]	形 建築(学)の、建築上の ★architecture 名 建築；建築様式
	1484 **attentive** □ [əténtiv]	形 注意深い、熱心に耳を傾ける(to)；思いやりのある、親切な ★attention 名 注目、注意
	1485 **ample** □ [ǽmpl]	形 十分な、豊富な；広々とした
	1486 **dependable** □ [dipéndəbl]	形 信頼できる、当てになる ★depend 動 ～次第である
	1487 **partial** □ [pá:rʃəl]	形 不完全な、部分的な
	1488 **leftover** □ [léftòuvər]	形 食べ残しの、残り物の 名 食べ残し；残り物
	1489 **compatible** □ [kəmpǽtəbl]	形 《コ》互換性のある(with)；仲が良い(with)
	1490 **securely** □ [sikjúərli]	副 しっかりと、安全に ★secure 動 を確保する
	1491 **exclusively** □ [iksklú:sivli]	副 もっぱら、ただ～のみ；独占的に ★exclusive 形 独占的な
	1492 **cordially** □ [kɔ́:rdʒəli]	副 心から、真心を込めて
	1493 **favorably** □ [féivərəbli]	副 有利に；好意的に ★favorite 形 大好きな favorable 形 好意的な；好ましい

We agreed to get together but haven't set a definite date.
私たちは会うことに同意したが、確かな日取りを決めていない。

These days people cannot live without adequate insurance.
この頃は十分な保険なしで生活することができない。

There have been numerous architectural advances in the last 10 years.
この 10 年に建築の進歩が数多くあった。

It is hard to remain attentive in class due to the heat.
暑さのせいで、授業で熱心に耳を傾け続けるのが難しい。

You will be given ample time to complete the examination.
試験を終えるのに十分な時間が与えられます。

If you're not dependable, you will lose your job.
信頼されないなら、あなたは仕事を失う。

The new law has only been a partial success.
新しい法律は、部分的な成功しかない。

Any leftover supplies will be split among the workshop participants.
どんな残り物の日用品も、ワークショップの参加者で分けられる。

This software is not compatible *with* your current operating system.
このソフトウェアは、あなたの現在のオペレーティングシステムと互換性がない。

You must seal the container securely for the chips to remain fresh.
ポテトチップを新鮮に保つために、しっかりと容器を密閉しないとだめだ。

Our office deals exclusively with website-related complaints.
当社は、もっぱらウェブサイト関連の苦情に対処している。

The host and hostess cordially greeted each guest.
主催者夫婦は真心を込めて客を一人ひとり出迎えた。

Those surveyed responded favorably about our customer service.
調査対象の人々は、当社のカスタマーサービスについて好意的に回答を寄せた。

1494 **excessively**
☐ [iksésivli]

副 過剰に、過大に；非常に、はなはだ
★excessive 形 過度の、極端な

1495 **mutually**
☐ [mjúːtʃuəli]

副 相互に、互いに

1496 **prominently**
☐ [prámənəntli]

副 顕著に、目立って、大切に
★prominent 形 有名な；重要な

1497 **concisely**
☐ [kənsáisli]

副 簡潔に、簡明に
☆アクセント注意

1498 **temporarily**
☐ [tèmpərérəli]

副 一時的に、仮に
☆アクセント注意
★temporary 形 臨時の、一時的な

1499 **subsequently**
☐ [sʌ́bsikwəntli]

副 その後、後に

1500 **critically**
☐ [krítikəli]

副 非常に；重体で；批判的に
★critical 形 重大な；批判的な

The excessively high amount of user traffic caused the website to crash.	ユーザーが過剰に通信を行ったために、そのウェブサイトは機能停止した。
We are trying to find a mutually agreeable solution to our problem.	私たちは問題に対する互いに納得できる解決策を見つけようとしている。
Rookies figure prominently in the team's plans this season.	新入選手たちは、チームの今季の計画に重要にかかわっている。
The report is concisely written and takes but minutes to read.	その報告書は簡潔に書かれており、読むのにほんの数分しかかからない。
Until she recovers, she'll be temporarily replaced by her assistant.	彼女が回復するまで、一時的に彼女の助手が代わりをします。
The business went well at first, but subsequently failed due to rising costs.	事業は最初好調だったが、その後、経費の増加により破綻した。
He was critically *injured* but recovered in less than a year.	彼はひどく負傷したが、1年未満で回復した。

単語索引

A

ability	0292
aboard	0857
abroad	0926
absent	0920
absolutely	0717
academic	0835
accept	0170
acceptable	1025
access	0259
accessible	0824
accidentally	1192
acclaimed	1438
accommodate	1366
accommodation	1086
accompany	0990
accomplish	0979
according	0225
accordingly	0710
account	0235
accountant	0456
achieve	0517
achievement	0490
acknowledge	1374
acknowledgment	1287
acquire	0661
acquisition	1310
activity	0063
adapt	1111
add	0130
addition	0055
additional	0431
additionally	0852
adequate	1482
adhere	1377
adjust	0789
adjustment	1087
administer	1401
administration	0956
administrative	1432
administrator	1320
admission	0084
adopt	0991
adorn	1416
advance	0047
advancement	0766
advantage	0085
advertise	0155
advertisement	0377
advertising	0767
advise	0186

advisory	1480
advocate	1356
affair	1311
affect	0628
affiliate	1406
afford	0807
affordable	1434
afraid	0539
afterward	0853
agenda	1229
agent	0064
aggressive	1157
agree	0107
agreement	0279
agricultural	0691
aisle	0957
alert	0958
alike	1012
allow	0173
alongside	0858
aloud	1050
alternate	1444
alternative	1026
although	0230
amend	1423
amount	0076
ample	1485
amusing	1027
analysis	0599
analyze	0992
ancient	0564
anecdote	1296
anniversary	0457
announce	0161
announcement	0287
annual	0347
annually	0854
anticipate	0425
anticipation	1088
apart	1044
apologize	0191
apology	1267
appeal	0980
appear	0121
appearance	0735
applause	1089
appliance	0385
applicable	1453
applicant	0408
application	0244
apply	0129
appoint	1400

appointment	0046
appreciate	0330
appreciation	0722
apprenticeship	1361
approach	0086
appropriate	0692
approval	0768
approve	0312
approximate	1442
approximately	1181
approximation	1280
architect	0033
architectural	1483
architecture	0607
argue	0909
arrange	0414
arrangement	0068
array	1265
arrival	0288
article	0044
aside	0855
aspect	0932
aspiring	1136
assemble	0794
assembly	0289
assess	1378
assessment	1323
asset	1090
assign	0419
assignment	0087
assist	0420
associate	0723
association	0293
assume	0993
assure	1382
atmosphere	0933
attach	0333
attachment	0594
attempt	0934
attend	0156
attendance	1245
attendant	0883
attendee	1223
attention	0028
attentive	1484
attest	1409
attract	0181
attractive	0693
attribute	1112
audit	1336
auditorium	0739
authentic	1451

☐ author	0065	
☐ authorize	1381	
☐ autograph	1055	
☐ availability	1217	
☐ available	0341	
☐ average	0694	
☐ avoid	0513	
☐ await	1424	
☐ award	0019	
☐ award-winning	1440	
☐ aware	0553	

B

☐ backpack	0884
☐ balance	0466
☐ banquet	1214
☐ basement	1056
☐ basis	1057
☐ batch	1308
☐ beauty	0864
☐ behalf	0740
☐ belong	0187
☐ belonging	0769
☐ beneath	1193
☐ beneficial	1137
☐ benefit	0273
☐ besides	0581
☐ beverage	0595
☐ bike	0439
☐ bill	0059
☐ billing	1332
☐ biography	0872
☐ block	0646
☐ blueprint	1237
☐ board	0007
☐ book	0091
☐ boost	1407
☐ borrow	0499
☐ botanical	1028
☐ branch	0034
☐ brand(-)new	1029
☐ break	0108
☐ breakdown	1286
☐ brief	0683
☐ briefly	1194
☐ brightly	1195
☐ broad	0836
☐ broadcast	0458
☐ brochure	0392
☐ browse	0653
☐ budget	0245
☐ bulletin	1058

C

☐ calculate	0808
☐ cancel	0313
☐ cancellation	1246
☐ candidate	0274
☐ care	0014
☐ career	0264
☐ carefully	0572
☐ carpentry	1344
☐ carry	0109
☐ carry-on	1138
☐ case	0022
☐ cashier	0475
☐ casual	0673
☐ catering	1209
☐ cause	0501
☐ cautious	1158
☐ ceiling	0615
☐ celebrate	0141
☐ celebration	0275
☐ celebrity	0935
☐ centralized	1455
☐ certain	0354
☐ certainly	0234
☐ certificate	0752
☐ certification	1272
☐ certify	0809
☐ chancellor	1339
☐ characteristic	1091
☐ charge	0167
☐ chat	0530
☐ check	0103
☐ childhood	0873
☐ choice	0026
☐ circulation	1349
☐ cite	0810
☐ civic	0837
☐ claim	0518
☐ clarification	1341
☐ clarify	1380
☐ clean	0095
☐ cleanup	0936
☐ clear	0205
☐ clearly	0927
☐ clerk	0443
☐ client	0371
☐ close	0092
☐ closely	0711
☐ closure	1335
☐ clothing	0057
☐ coast	0937

☐ colleague	0256
☐ collect	0122
☐ column	0959
☐ combine	0336
☐ comfort	0467
☐ comfortable	0547
☐ commemorate	1421
☐ commence	1411
☐ commend	1412
☐ comment	0060
☐ commercial	0352
☐ commission	1271
☐ commit	0994
☐ commitment	1059
☐ committee	0294
☐ common	0545
☐ commonly	1051
☐ communicate	0899
☐ community	0023
☐ commute	0811
☐ comparable	1457
☐ compare	0500
☐ compartment	0960
☐ compatible	1489
☐ compensate	1113
☐ compensation	1252
☐ compete	0337
☐ competition	0081
☐ competitive	0838
☐ competitor	0409
☐ compile	1114
☐ complain	0523
☐ complaint	0386
☐ complete	0157
☐ completely	0576
☐ completion	0753
☐ complex	0670
☐ complexity	1325
☐ compliance	1316
☐ complicated	1139
☐ compliment	0938
☐ complimentary	1428
☐ comply	1410
☐ comprehensive	1159
☐ concept	0961
☐ concerned	0343
☐ concerning	0859
☐ concession	1353
☐ concisely	1497
☐ conclude	0654
☐ condition	0069
☐ conduct	0320

☐ conference	0236	☐ corresponding	1162	☐ deed	1331
☐ confidence	0962	☐ cost	0036	☐ defect	1255
☐ confident	0695	☐ costly	1197	☐ defective	0828
☐ confidential	1160	☐ council	0296	☐ definite	1481
☐ confidentiality	1263	☐ counsel	1093	☐ definitely	0577
☐ confirm	0306	☐ count	0662	☐ degree	0459
☐ confirmation	1213	☐ county	0754	☐ delay	0316
☐ conflict	1092	☐ coupon	0374	☐ delegation	1360
☐ confusing	0546	☐ courier	1352	☐ delighted	0556
☐ congestion	1358	☐ courteous	1478	☐ deliver	0308
☐ congratulate	0995	☐ cover	0110	☐ delivery	0237
☐ congratulation	0088	☐ coverage	1292	☐ demand	0609
☐ connect	0519	☐ coworker	0393	☐ demolish	1389
☐ consent	1338	☐ craft	0618	☐ demolition	1317
☐ consequence	0963	☐ create	0159	☐ demonstrate	0795
☐ consequently	1052	☐ creation	0741	☐ demonstration	0297
☐ conservation	0616	☐ creativity	0874	☐ dental	0840
☐ consider	0321	☐ credential	1282	☐ depart	0630
☐ considerable	1161	☐ crew	0266	☐ department	0005
☐ considerably	1196	☐ critic	0770	☐ departure	0492
☐ consist	0981	☐ critical	1140	☐ depend	0509
☐ consistent	1454	☐ critically	1500	☐ dependable	1486
☐ construct	0639	☐ crop	0885	☐ deposit	0280
☐ construction	0240	☐ cross	0900	☐ depth	0886
☐ consult	0426	☐ crowd	0608	☐ describe	0323
☐ consultation	1261	☐ crowded	0565	☐ description	0380
☐ consume	0996	☐ crucial	1141	☐ deserve	0997
☐ contact	0302	☐ cuisine	0755	☐ designate	1115
☐ contain	0629	☐ culinary	0839	☐ despite	0704
☐ container	0724	☐ current	0348	☐ destination	0476
☐ contemporary	0555	☐ currently	0438	☐ detail	0247
☐ contestant	1322	☐ custom	0544	☐ determine	0331
☐ context	1340	☐ customer	0037	☐ detour	1329
☐ continue	0144	☐ customize	1393	☐ develop	0131
☐ contract	0378			☐ developer	0756
☐ contractor	1244	**D**		☐ development	0246
☐ contrary	0921	☐ daily	0231	☐ device	0596
☐ contrast	0910	☐ dairy	0939	☐ devise	1123
☐ contribute	0640	☐ damage	0177	☐ devote	0998
☐ contribution	0295	☐ deadline	0373	☐ diet	0477
☐ convenience	0444	☐ deal	0454	☐ dimension	1264
☐ convenient	0201	☐ dean	1348	☐ dine	0332
☐ convention	1218	☐ decade	0619	☐ direction	0070
☐ conversation	0077	☐ decide	0114	☐ directly	0366
☐ convince	0982	☐ decision	0267	☐ directory	1226
☐ cooperation	0617	☐ decline	0641	☐ disappointed	0922
☐ coordinate	0812	☐ decor	1279	☐ disappointing	1142
☐ cordially	1492	☐ decorate	0524	☐ discard	1116
☐ corporate	0433	☐ decoration	0491	☐ discontinue	1391
☐ corporation	0398	☐ decrease	0514	☐ discount	0038
☐ correct	0325	☐ dedicate	0813	☐ discover	0503
☐ correctly	0712	☐ dedication	1060	☐ discovery	0964

☐ discuss	0162	☐ eligible	1445	☐ exceptional	1435
☐ discussion	0298	☐ eliminate	1000	☐ excerpt	1346
☐ display	0050	☐ emergency	0940	☐ excess	1096
☐ disposable	1030	☐ emerging	1014	☐ excessive	1163
☐ disrupt	1124	☐ emphasize	0655	☐ excessively	1494
☐ disruption	1351	☐ employ	0802	☐ exchange	0152
☐ distance	0610	☐ employee	0039	☐ exclude	1118
☐ distribute	0415	☐ employer	1063	☐ exclusive	0830
☐ distribution	1061	☐ employment	0290	☐ exclusively	1491
☐ distributor	1357	☐ empty	0566	☐ executive	0435
☐ district	0757	☐ enable	0901	☐ exhibit	0404
☐ diverse	1143	☐ enclose	0427	☐ exhibition	0066
☐ divide	0999	☐ encounter	1125	☐ existing	1145
☐ division	0725	☐ encourage	0139	☐ expand	0317
☐ documentation	1257	☐ engagement	1343	☐ expansion	0727
☐ domestic	1031	☐ engaging	0697	☐ expect	0163
☐ dominate	1418	☐ enlarge	1383	☐ expectation	0966
☐ donate	0631	☐ enroll	0790	☐ expedite	1388
☐ donation	0597	☐ enrollment	1242	☐ expense	0263
☐ doorway	1062	☐ ensure	0416	☐ expensive	0202
☐ doubt	0983	☐ enter	0136	☐ expertise	0759
☐ downstairs	0928	☐ entertain	1001	☐ expire	1363
☐ draft	0588	☐ enthusiast	1064	☐ explanation	0942
☐ drainage	1309	☐ enthusiastic	0829	☐ explore	0642
☐ drawing	0493	☐ entire	0358	☐ expose	1119
☐ drop	0145	☐ entirely	0718	☐ exposition	1097
☐ due	0350	☐ entrepreneur	0941	☐ exposure	0772
☐ durability	1298	☐ entry	0726	☐ express	0140
☐ durable	0696	☐ envelope	0600	☐ extend	0174
☐ duration	1248	☐ environment	0445	☐ extension	1238
☐ duty	0589	☐ environmental	0557	☐ extensive	1429
		☐ environmentally	0582	☐ extensively	0713
E		☐ equip	0663	☐ exterior	1301
		☐ equipment	0238	☐ extra	0344
☐ each	0195	☐ equivalent	1328	☐ extremely	1053
☐ eager	1013	☐ especially	0571	
☐ earn	0504	☐ essential	1032	**F**	
☐ earning	1094	☐ establish	0632	
☐ easily	0570	☐ establishment	1065	☐ fabric	0728
☐ eatery	1333	☐ estate	1215	☐ facilitate	1126
☐ economic	0684	☐ estimate	0265	☐ facilitator	1326
☐ editorial	1144	☐ evaluate	0814	☐ facility	0260
☐ educate	1117	☐ evaluation	0771	☐ factor	0943
☐ education	0460	☐ eventually	1046	☐ factory	0051
☐ educational	0685	☐ evolution	0965	☐ faculty	1327
☐ effect	0478	☐ exact	0841	☐ failure	0887
☐ effective	0218	☐ exactly	0574	☐ fair	0035
☐ effectively	1045	☐ examine	0902	☐ familiar	0671
☐ efficiency	0758	☐ excavation	1313	☐ familiarize	1394
☐ efficient	0674	☐ exceed	1368	☐ fare	0468
☐ effort	0029	☐ excellent	0214	☐ favor	0030
☐ election	1095	☐ except	0707	☐ favorable	1164
☐ electricity	0450			☐ favorably	1493

□ favorite	0196	□ further	0353	□ household	1033
□ feature	0171				
□ fee	0248	**G**		**I**	
□ feedback	0381	□ gain	0520	□ ideal	0677
□ fellow	0567	□ garment	1288	□ identification	0389
□ figure	0031	□ gather	0506	□ identify	1120
□ file	0257	□ gear	0773	□ immediate	0686
□ fill	0111	□ general	0355	□ immediately	0367
□ final	0212	□ generalize	1386	□ impact	0867
□ finalize	1369	□ generally	0578	□ implement	1395
□ finance	0405	□ generate	0791	□ imply	0417
□ financial	0345	□ generous	0561	□ impress	0148
□ financially	1054	□ goods	0071	□ impressive	1015
□ firm	0251	□ government	0461	□ improve	0137
□ fit	0188	□ graduate	0875	□ improvement	0399
□ fitness	1216	□ graduation	0479	□ inaccurate	1477
□ fix	0178	□ grant	0299	□ incentive	1067
□ flat	0560	□ gratitude	0968	□ include	0164
□ flexibility	1066	□ greet	0505	□ including	0229
□ flexible	0675	□ grow	0116	□ income	0946
□ flight	0008	□ growth	0410	□ incomplete	1467
□ flood	0967	□ guarantee	0338	□ inconvenience	0743
□ flow	1002	□ guard	0480	□ inconvenient	1034
□ flyer	0729	□ guidance	1269	□ incorporate	1370
□ focus	0175	□ guide	0013	□ incorrect	1436
□ fold	0510			□ incorrectly	1183
□ follow	0112	**H**		□ increase	0126
□ following	0215	□ habitat	0889	□ increasingly	0860
□ force	0888	□ halfway	1182	□ incur	1415
□ forecast	0620	□ hallway	0481	□ independent	1166
□ form	0040	□ handle	0147	□ indicate	0326
□ formal	0676	□ handout	0482	□ indicator	1294
□ former	0698	□ hands-on	1433	□ individual	0219
□ forthcoming	1476	□ hang	0515	□ individually	1199
□ fortunate	0699	□ hardware	0742	□ industrial	0538
□ found	0508	□ head	0098	□ industry	0262
□ foundation	0944	□ headquarters	1219	□ inexpensive	0825
□ founder	0945	□ heavily	1047	□ influence	0911
□ fragile	1146	□ height	0483	□ influential	1147
□ free	0193	□ helpful	0200	□ inform	0334
□ frequent	0821	□ heritage	0866	□ informative	1167
□ frequently	0705	□ hesitate	0664	□ infrastructure	1099
□ frustrating	1165	□ hire	0413	□ ingredient	0268
□ fuel	0865	□ historic	0359	□ initial	0678
□ fulfill	0984	□ historical	0917	□ initially	1184
□ fully	0370	□ hold	0099	□ initiative	1247
□ function	0656	□ honest	0918	□ inn	1068
□ fund	0261	□ honor	0647	□ innovation	0969
□ fundraiser	1283	□ hopefully	1198	□ innovative	0831
□ fundraising	0611	□ hospitality	1098	□ input	1275
□ furnish	1392	□ host	0115	□ inquire	1362
□ furnishing	1243	□ hourly	1468	□ inquiry	0730

単語索引

☐ insert	1385	
☐ insight	1100	
☐ insist	1003	
☐ inspect	0418	
☐ inspection	0406	
☐ inspector	1240	
☐ inspire	0525	
☐ install	0314	
☐ installation	1228	
☐ instead	0223	
☐ institute	0736	
☐ institution	0621	
☐ instruct	0815	
☐ instruction	0241	
☐ instrument	0469	
☐ insurance	0760	
☐ insure	1420	
☐ intend	0633	
☐ interactive	1148	
☐ intermediate	1168	
☐ intermission	1359	
☐ internship	1236	
☐ interruption	1295	
☐ intersection	0947	
☐ introduction	0948	
☐ introductory	0832	
☐ inventory	1220	
☐ invest	0792	
☐ investment	1225	
☐ investor	1250	
☐ invitation	0089	
☐ invite	0132	
☐ invoice	1208	
☐ involve	0339	
☐ issue	0249	
☐ item	0041	
☐ itinerary	1227	

J

☐ job	0001
☐ join	0117
☐ judge	0494

K

☐ keynote	1249
☐ kindly	0719
☐ knowledgeable	1447

L

☐ labor	0484
☐ laboratory	0281
☐ lack	0531

☐ land	0893
☐ landlord	1101
☐ landmark	0761
☐ landscape	0291
☐ largely	0861
☐ last	0150
☐ lastly	1048
☐ lately	0583
☐ launch	0322
☐ lead	0133
☐ leak	0774
☐ lean	0634
☐ lease	1234
☐ leftover	1488
☐ legal	0700
☐ legendary	1169
☐ length	0601
☐ librarian	0876
☐ license	0590
☐ lid	1069
☐ lie	0897
☐ lifetime	1035
☐ lift	0803
☐ like	0227
☐ likely	0342
☐ limit	0324
☐ line	0003
☐ live	0548
☐ load	0428
☐ loan	0622
☐ local	0197
☐ locally	1185
☐ locate	0168
☐ location	0042
☐ lock	0657
☐ long-awaited	1470
☐ longtime	0701
☐ lose	0118
☐ loss	0877
☐ lower	0635
☐ loyal	1016
☐ luggage	0082
☐ luncheon	0762

M

☐ mainly	0365
☐ maintain	0658
☐ maintenance	1206
☐ major	0549
☐ malfunction	1284
☐ manage	0328
☐ management	0375

☐ managerial	1464
☐ mandatory	1170
☐ manner	0623
☐ manufacture	0421
☐ manufacturer	1202
☐ manufacturing	1276
☐ manuscript	1102
☐ master	0536
☐ match	0498
☐ material	0239
☐ matter	0442
☐ maximum	1070
☐ mayor	0083
☐ meadow	0970
☐ mean	0105
☐ meantime	0744
☐ meanwhile	0584
☐ measure	0903
☐ measurement	1071
☐ mechanical	0919
☐ medical	0356
☐ medication	0745
☐ medium	0543
☐ membership	0394
☐ mention	0307
☐ mentoring	0775
☐ merchandise	1207
☐ merger	1232
☐ method	0470
☐ mind	0123
☐ minimize	1127
☐ minimum	0842
☐ minor	1149
☐ misplace	1379
☐ miss	0096
☐ missing	0679
☐ mistake	0027
☐ moderate	1458
☐ moderator	0971
☐ moist	1462
☐ moisture	1345
☐ monitor	0796
☐ moreover	0579
☐ mostly	0714
☐ motivate	0797
☐ mount	1004
☐ multiple	0436
☐ municipal	1443
☐ mutually	1495

N

☐ nation	0878

native	0923
nature	0446
navigate	1405
navigation	0972
nearby	0217
nearly	0232
negative	1036
negotiate	0636
neighbor	0485
neighborhood	0471
nevertheless	1200
normal	1017
normally	0862
note	0134
notice	0024
noticeable	1171
notify	1365
numerous	0680
nutrition	0776
nutritional	1459

O

object	0890
observe	1005
obtain	0429
occasion	0973
occasionally	1186
occupy	0665
occur	0532
offer	0100
official	0204
offset	1404
ongoing	1172
online	0222
on-site	1431
operate	0176
operation	0078
operational	1461
operator	1072
opportunity	0250
opposite	1037
option	0376
optional	0826
order	0016
ordinary	1038
organization	0276
organize	0318
organizer	1235
original	0349
originally	0573
otherwise	0715
outcome	1073

outdated	1466
outing	1297
outline	0816
output	1291
outstanding	0843
overall	0687
overhaul	1414
overhead	0844
overlook	0804
overnight	0850
oversee	1373
overtime	0702
overview	1251
owe	1128
own	0094
ownership	0777

P

pack	0526
packaging	1074
packet	1239
partial	1487
participant	0379
participate	0310
participation	0602
particular	0558
particularly	0708
pass	0120
passenger	0067
past	0209
path	1075
patience	1076
patient	0090
patron	0746
pattern	0486
pavement	1285
paycheck	1241
payment	0258
payroll	1224
peaceful	0916
per	0368
perform	0149
performance	0021
permanent	0845
permission	0300
permit	0282
persist	1417
personal	0211
personally	0929
personnel	1221
perspective	0974
persuade	0666

persuasion	1315
pertain	1402
pharmaceutical	0437
pharmacy	0472
pick	0113
pickup	1077
pile	0798
plan	0101
plant	0012
pleased	0206
pleasure	0451
plenty	0447
plumbing	1277
policy	0242
polish	1425
polite	0924
poll	1103
poor	0540
popularity	1078
population	0891
positive	0550
possess	1419
possible	0210
post	0106
postage	1079
postpone	0786
potential	0434
pour	0985
power	0449
practical	0688
practice	0440
praise	0511
precise	1018
predict	0659
predictable	1472
prediction	0778
prefer	0182
preference	0747
preliminary	1019
premier	1173
premise	1300
preparation	0283
prepare	0127
prescription	0879
presence	1104
present	0093
presentation	0049
preserve	0949
press	0327
prestigious	1174
prevent	1006
previous	0351

☐ previously	0369	☐ purchase	0303	☐ reflect	0649
☐ pride	0904	☐ purpose	0006	☐ refreshment	0782
☐ primary	1020	☐ pursue	0817	☐ refund	1201
☐ prior	0823	☐ push	0527	☐ refurbish	1130
☐ priority	0487			☐ regard	0032
☐ private	0220	**Q**		☐ regarding	0849
☐ prize	0452	☐ qualification	1106	☐ regardless	0703
☐ probably	0228	☐ qualify	0648	☐ region	0592
☐ procedure	0400	☐ quality	0056	☐ regional	0827
☐ proceed	0591	☐ quantity	0731	☐ register	0315
☐ process	0252	☐ quarter	0270	☐ registration	1233
☐ produce	0135	☐ quarterly	1446	☐ regret	1007
☐ product	0017	☐ questionnaire	1107	☐ regular	0221
☐ production	0253	☐ quote	1121	☐ regularly	0706
☐ productive	0846			☐ regulation	0473
☐ productivity	0779	**R**		☐ reimburse	1396
☐ profession	0950	☐ railing	0781	☐ reimbursement	1256
☐ professional	0203	☐ raise	0146	☐ reject	1008
☐ proficiency	1305	☐ range	0598	☐ related	0681
☐ profit	0748	☐ rank	0987	☐ relation	0612
☐ profitable	1175	☐ rarely	0585	☐ relationship	0496
☐ progress	0603	☐ rate	0058	☐ relatively	0720
☐ prohibit	0912	☐ rating	1273	☐ release	0254
☐ project	0018	☐ ratio	1321	☐ relevant	1039
☐ projection	1105	☐ reach	0183	☐ reliable	0847
☐ prominent	1471	☐ real	0198	☐ relief	0625
☐ prominently	1496	☐ realize	0521	☐ relieve	0905
☐ promise	0153	☐ rear	1151	☐ relocate	1367
☐ promote	0172	☐ reasonable	0563	☐ relocation	1231
☐ promotion	0387	☐ reasonably	1187	☐ rely	1009
☐ promotional	1426	☐ recall	0818	☐ remain	0125
☐ prompt	1129	☐ receipt	0061	☐ remark	1131
☐ proof	0749	☐ recent	0346	☐ remind	0184
☐ proper	1150	☐ recently	0226	☐ reminder	0783
☐ properly	0575	☐ reception	0277	☐ removal	0951
☐ property	0388	☐ receptionist	0495	☐ remove	0142
☐ proposal	0269	☐ rechargeable	1452	☐ renew	1371
☐ propose	0643	☐ recipe	0278	☐ renovate	0422
☐ proprietor	1299	☐ recipient	1254	☐ renovation	1203
☐ prospect	1270	☐ recognition	1230	☐ renowned	1430
☐ protect	0533	☐ recognize	0644	☐ rent	0179
☐ protection	0624	☐ recommend	0309	☐ repair	0045
☐ protective	1441	☐ recommendation	0732	☐ repeat	0906
☐ proud	0562	☐ record	0052	☐ replace	0165
☐ prove	0986	☐ recruit	0430	☐ replacement	1212
☐ provide	0158	☐ recruiter	1080	☐ reply	0528
☐ provision	1342	☐ reduce	0128	☐ represent	0650
☐ public	0207	☐ reduction	0763	☐ representative	0053
☐ publication	0284	☐ refer	0340	☐ reputation	0784
☐ publicity	0780	☐ reference	1211	☐ request	0304
☐ publish	0311	☐ referral	1319	☐ require	0319
☐ pull	0537	☐ refill	1403	☐ requirement	0390

research	0020	
reservation	0043	
reserve	0166	
resident	0401	
residential	1449	
resign	0819	
resolve	0805	
resource	0054	
respect	0898	
respectively	1188	
respond	0787	
respondent	1307	
response	0395	
responsible	0361	
rest	0441	
restoration	0952	
restore	0667	
restriction	1262	
result	0009	
resume	0383	
retail	1437	
retailer	1081	
retire	0516	
retirement	0733	
retrieve	0806	
reveal	0668	
revenue	0604	
review	0305	
revise	0329	
revision	1253	
rewarding	1021	
rich	0568	
ridge	1350	
rigorous	1460	
rise	0512	
roadway	1259	
role	0605	
roll	0907	
rough	1022	
round	0453	
routine	1152	
row	0285	
rural	1023	
rush	0651	

S

safety	0072
satisfaction	0737
satisfactory	1475
satisfied	0559
save	0124
saving	0750

scale	0613
scenery	0975
scenic	1450
scent	1354
scientific	1024
sculpture	0880
search	0185
secondhand	1040
secret	0892
secure	0637
securely	1490
security	0271
seek	0652
seem	0180
selection	0396
senior	0672
sensible	1176
separate	0507
serve	0138
service	0004
session	0372
setting	0764
settle	1010
several	0208
shade	0488
share	0119
sheet	0073
shift	0391
ship	0169
shipment	0382
shipping	1082
shoot	0868
shorten	0988
shortly	0709
shrub	1355
shut	0529
sightseeing	0863
sign	0104
signature	0407
significant	0682
significantly	1189
similar	0199
simplify	1132
simply	0586
sincere	1153
site	0010
situated	1177
situation	0870
sizable	1448
skill	0025
slightly	1049
slow	0908

smoothly	0930
social	0915
soil	0953
solution	0301
sophisticated	1479
source	0462
souvenir	0954
specialize	0423
specialty	0976
specific	0362
specifically	0851
specification	1306
specify	1376
sponsorship	1268
spot	0448
square	0541
stack	0424
state	0190
statement	0738
state-of-the-art	1439
stationery	1108
status	0606
steadily	1190
steady	1154
stick	0896
stiff	1178
stipulate	1408
stock	0402
storage	0734
store	0102
storefront	1312
storm	0881
strategic	1155
strategy	0397
streamlined	1041
structure	0614
struggle	0989
stunning	1465
subject	0002
submission	1278
submit	0412
subscribe	1375
subscriber	1274
subscription	1222
subsequently	1499
subsidiary	1324
substantial	1456
substitute	1133
succeed	0534
success	0079
successful	0216
successfully	0721

☐ sufficient	1156	☐ traditional	0542	☐ van	0882
☐ suggest	0154	☐ traffic	0015	☐ variety	0075
☐ suggestion	0062	☐ trail	0751	☐ vary	0800
☐ suit	0189	☐ trainee	1084	☐ vehicle	0384
☐ suitable	0689	☐ transaction	1281	☐ vendor	0411
☐ summary	0463	☐ transcript	1266	☐ vent	1314
☐ supervise	1372	☐ transfer	0335	☐ venue	1258
☐ supervisor	1204	☐ transform	1122	☐ verify	0801
☐ supplier	1205	☐ transformation	1337	☐ versatile	1473
☐ supply	0243	☐ transit	1110	☐ version	0272
☐ support	0143	☐ transition	1085	☐ via	0716
☐ suppose	0645	☐ translate	1011	☐ vicinity	1330
☐ sure	0194	☐ transport	0788	☐ view	0011
☐ surface	0474	☐ transportation	0048	☐ vital	1180
☐ surge	1334	☐ treat	0535	☐ volume	0489
☐ surpass	1384	☐ treatment	0627	☐ vote	0638
☐ surprising	0925	☐ trend	0593		
☐ surprisingly	0931	☐ trim	1387		
☐ surround	0913	☐ truly	0587	**W**	
☐ surrounding	0833	☐ trust	0914	☐ waive	1397
☐ survey	0255	☐ trustee	1289	☐ warehouse	0403
☐ suspend	1134	☐ tuition	0977	☐ warranty	1210
☐ sweep	0820	☐ typically	1191	☐ waste	0869
☐ switch	0799			☐ watch	0097
		U		☐ weigh	0669
T		☐ unavailable	1427	☐ well-being	0978
☐ tactics	1109	☐ unconventional	1474	☐ wheel	0497
☐ talent	0626	☐ undergo	0793	☐ whether	0363
☐ talented	0690	☐ undertake	1422	☐ whole	0551
☐ task	0464	☐ unexpected	0848	☐ wildlife	0785
☐ temporarily	1498	☐ unfortunately	0364	☐ willing	0552
☐ temporary	0357	☐ unload	1399	☐ withstand	1135
☐ term	0465	☐ unlock	0660	☐ witty	1469
☐ terrain	1304	☐ unsure	1463	☐ wonder	0502
☐ testimonial	1302	☐ unveil	1398	☐ workflow	1290
☐ therefore	0580	☐ upcoming	0432	☐ workforce	1347
☐ thoroughly	0856	☐ update	0160	☐ workload	1318
☐ though	0224	☐ upgrade	1364	☐ worth	0554
☐ thought	0955	☐ up-to-date	1042	☐ wrap	0895
☐ thriving	1179	☐ urban	1043		
☐ throughout	0233	☐ urgent	0834		
☐ throw	0894	☐ used to	0522		
☐ timeline	1260	☐ usual	0360		
☐ tip	0286	☐ utility	0765		
☐ title	0080				
☐ token	1083	**V**			
☐ tool	0074	☐ vacancy	1303		
☐ total	0213	☐ vacate	1413		
☐ township	1293	☐ valid	0822		
☐ track	0151	☐ validate	1390		
☐ trade	0455	☐ valuable	0569		
☐ tradition	0871	☐ value	0192		

TEXT PRODUCTION STAFF

edited by	編集
Takashi Kudo	工藤　隆志
Katsuo Hada	羽田　克夫
Kimio Sato	佐藤　公雄

English-language editing by	英文校閲
Bill Benfield	ビル・ベンフィールド

cover design by	表紙デザイン
Ruben Frosali	ルーベン・フロサリ

narrated by	吹き込み者
Ilana Labourene (AmerE)	イラーナ・ラボリン（アメリカ英語）
Dominic Allen (AmerE)	ドミニク・アレン（アメリカ英語）
Howard Colefield (AmerE)	ハワード・コルフィールド（アメリカ英語）

THE 1500 CORE VOCABULARY FOR THE TOEIC® TEST —Revised Edition—
学校語彙で学ぶTOEIC®テスト【単語集】—改訂新版—

2020年 1 月20日　初版 発行
2024年 3 月 5 日　第7刷 発行

著　者　　西谷 恒志

発行者　　佐野 英一郎

発行所　　株式会社 成 美 堂
　　　　　〒101-0052　東京都千代田区神田小川町3-22
　　　　　TEL 03-3291-2261　　FAX 03-3293-5490
　　　　　https://www.seibido.co.jp

印刷・製本　　三美印刷(株)

ISBN 978-4-7919-7216-6　　　　　　　　　　Printed in Japan

TEXT PRODUCTION STAFF

edited by　　　　　北尾 貴大
Takashi Kitao

　　　　　　　　　稗田 三嗣
Mitsugu Hieda

　　　　　　　　　紺野 紗保
Konno Saho

English-language edited by
Bill Benfield　　　ビル・ベンフィールド

cover design by
Hiroori Kessoku　　結束 広旺

narrated by
Nina Lefrancois (Ainsli)
Dominic Allen (Amanti)
Howard Colefield (Ameri)

THE 1500 CORE VOCABULARY FOR
THE TOEIC TEST — Revised Edition —

2009年 初版第1刷発行
2023年8月5日 改訂版第1刷発行

著　者　　浅見 ベ之

発行所　　株式会社 三友社
〒101-0062 東京都千代田区神田駿河台
TEL 03-3291-2261
FAX 03-3293-5490
http://www.sanyusha.co.jp

印刷・製本　萩原印刷株式会社

ISBN978-1-2916-1218-6　　Printed in Japan

本書の全部または一部を無断で複写複製することは，著作権法上での例外を除き，禁じられています。